日常こそが教科書

思考力を磨くための社会学！

鍛鍊思考力
的社會學讀本

為什麼努力沒有用？戴上社會學的眼鏡，幫你解決人生的疑難雜症

作者——岩本茂樹

譯者——簡捷

序

各位都聽過「眨眼」這個動作吧！

眨眼是閉上一隻眼睛，向異性暗示好感的動作。但是同樣的動作，也可能成為串通周遭的朋友一同矇騙某人的暗號。換言之，即使一樣是「眨眼」的行為，我們也會考量周遭狀況，解讀這個動作代表的究竟是哪一種意義。

但是仔細想來，又浮現了另一種狀況。

首先，假如只將「眨眼」這個動作的瞬間切割出來看，我們完全無從判斷它究竟是「表示好感」的暗號，還是「惡作劇」的暗號，又或者完全不帶任何意義，只是「眼皮自然產生的痙攣現象」。

總而言之，假如我們只透過相機鏡頭捕捉到「眨眼」這個現象，完全無法判斷它代表哪一種意義。

這也就表示，刻意眨眼「表示好感」、「串通別人惡作劇」等動作，假如其中的意義沒有被整個社會共有，人們就無法理解其中的涵義。換言之，假如在某個社會當中，接收訊息的人沒有共識，不知道眨眼代表「表示好感」、「惡作劇」的意思，這時就只能將之解釋為眼皮的痙攣了。

各位也聽過日本古典名著《徒然草》[1]吧。《徒然草》的作者名叫吉田兼好，是鎌倉末期的一位法師。「無聊之日，枯坐硯前，心中不由雜想紛呈，乃隨手寫來……」誠如這段開頭所述，這本書是他懶洋洋度過一天，細細寫下心中想法的隨筆。隨筆內容以現代白話文大致歸納如下：

> 如果可以的話，真想成為俊男美女。
>
> 聲音也很重要，通透明亮、悅耳動聽、討喜可人的嗓音……
>
> 不過，先等一下——
>
> 即使真的成為絕世的俊男美女，假如一開口說話卻是個知識匱乏、沒有品格的人，那會是什麼樣子呢……
>
> 那可不行，缺乏才智的人一點魅力也沒有。
>
> 學問還是很重要。

吉田思考自己想成為什麼樣的人，列舉帝王、皇族、貴族為例，得出的結論是俊美容貌。不過寫到這裡，吉田又改變主意，要自己「先等一下」；最後，他的結論不是想擁有天生的外表容貌，而是成為擁有知識涵養的人。

文學、影像描繪人們難以切割的日常生活，其中卻蘊含無窮的生命力與教誨。正因如此，它們在眾多媒體當中也擁有出類拔萃的影響力，更擁有打動人心的力量。

即使我們想要遵循吉田的教誨，努力累積學識，實際做法也會因個人興趣與關懷而不同。以我來說，鑽研的就是「社會學」。即使如此，要是一味分析數據資料，研究方式缺乏人性的深度，不免令人喪失興趣。我追求的是學習的喜悅，是能夠豐富生命的社會學，而不是被「社會學」這門學問吞噬。

那我堅持的是什麼呢？我來舉個例子跟各位說明。

提到「媒體」，我們馬上會聯想到廣播、電視、報紙等以廣大群眾為傳播對象的

1 作者註：改寫段落參照《日本文學全集07：枕草子／方丈記／徒然草》（內田樹譯，池澤夏樹編。河出書房新社，二〇一六）的白話譯文，再加上我自己詮釋轉換而成。

媒體；不過，假如我們以「眨眼」的動作串通別人惡作劇，眼睛就成了傳播訊息的媒介，因此在這種情況下，眼睛也是一種媒體。

這些扮演中介角色的媒體具有什麼特徵、又有哪些運用方式，當然也令各界深感興趣。不過透過這些媒體，發信者與接收者共同分享了我們的文化，所以在本書當中，我想將重點擺在「理解文化」上，與各位一起踏上學習之旅。

十七世紀法國演員、劇作家莫里哀（Molière）以「戴眼鏡」形容頭腦聰明的女性。雖然我們是因為視力減退，看不清楚周遭景物才戴上眼鏡，但是莫里哀轉化了這層意義，以「戴眼鏡」一詞稱呼將世局看得一清二楚的女子。

十七世紀的法國距今有將近四百年之遙，了解了莫里哀這個詞背後的用意，我們等於貼近了當時人們的思考方式。假如不知道它的由來，即使看見莫里哀寫下「戴眼鏡」一詞，我們也只會單純理解為戴著眼鏡的女子而已。

本書的目的是以社會學的角度分析文學、電影等媒體作品，從中探討人類行為與文化的本質。我認為這個探索知識的過程中導出的收穫，能夠帶來迴力鏢的效應，促使我們重新審視自己的社會與生活。

必須在此坦承，我確實是以片面、自我本位的方式解讀本書中分析的作品；不過，假如能在接納這一點的前提之下，與各位一同分享探索媒體文化的樂趣，那就再好不過了。

台灣版序

各位台灣讀者好。

說來還真不好意思，其實我升學應考的過程中充滿了失敗經驗。升高中時，我沒有考上心目中第一志願的學校，接下來考大學的時候也全都落榜，歷經一年間的重考生活，才終於考上大學。還不只這樣，找工作時我也晚了別人一年，才達成當上老師的目標。

我在人生的重要關頭總是走得跌跌撞撞，一路上的經歷自然也談不上帥氣瀟灑。

像我這麼駑鈍的人竟然在大學裡教社會學，各位聽了是不是也覺得有點疑慮呢？再告訴各位一件事：念大學的時候，我對社會學這種東西一點興趣也沒有，完全只是在享受大學生活而已。聽了這句話，在書店難得拿起本書的讀者都要闔上書頁、把書放回架上了。

不過，請各位先別急著闔上這本書，先聽我說完也不遲嘛。

正是因為上述經歷，我沒有走在社會制度的主流道路上，所以才更能夠以旁觀者的角度觀察周遭人群與社會現象。換言之，我沒有和同學理所當然地一起升學、就職、登上社會安排好的階梯，但是正因如此，我也才能看見同學看不見的世界，從自己的所在位置分析社會上的各種現象。

雖說如此，我也是一直到當上國中老師之後，才受到過去的經驗啟發，下定決心再次回到大學、走進社會學的世界。

一九七〇年代後半，國中教育現場充斥著校園暴力。學生手持金屬球棒與老師對峙，當時我身為教育界的一員，深深感受到教師的苦惱與空虛。

老師一味搬出那套「正統」的教誨，只會將反抗學生與老師之間的關係越推越遠，所謂的教育，究竟是什麼呢……？這時，我想起高中升學考試失利的時候，那種遭到社會排斥的感覺，也曾經讓我採取反抗態度。我想這些選擇反抗的學生，一定也有他們自己觀看學校、社會的角度，假如不了解背後的原因，便無法與他們溝通。

換言之，從主流、正統教育的角度看來，不受教、反抗校方的學生無疑是異類。然而反過來說，從這些「異類」偏離主流的角度看來，正統的教育制度當中則存在著排除他們的機制。

既然如此，「正統」教育認為什麼樣的學生才是好學生，什麼樣的學生又是應該排除於正統之外的學生？只要思考什麼樣的年輕人會被學校與社會貶為「壞學生」，就能釐清現代教育、現代社會的樣貌。

以社會學的眼光來看，反抗校方的學生與反抗現象無疑都是寶貴的契機，刺激我們思考「何謂教育」，進一步探討這個社會究竟是什麼模樣。

我們換個話題。日本有個通稱「NHK晨間劇」的熱門電視節目，是早上八點開始在NHK電視台播放的連續劇。二〇一八年秋季播出的晨間劇《萬福》（まんぷく）當中，主角立花萬平的人物原型是安藤百福先生，他開發出了「倒熱水三分鐘即可食用」的泡麵。即使沒聽說過泡麵之祖「雞汁拉麵」（CHICKEN RAMEN），至少也聽過日清杯麵的「CUP NOODLE」吧。

這齣晨間劇描述日清食品創業者安藤先生的奮鬥過程，看他如何以源於中國的拉麵為基礎，開發出世界各地大受歡迎的杯麵。《萬福》於今年三月底播出完結篇，備受觀眾好評。對許多觀眾來說，最具魅力的是安藤與太太合力克服難關的模樣，不過看見在世界各地掀起飲食革命、令人引以為傲的杯麵是如何誕生，我也深受感動。日本人一向最擅長以原創的東西為基礎，再投注技術力加以創新，看這部戲的時候，我一直認為是日本人把這種企畫能力也發揮在食品產業上了。

不過直到最近我才知道，原來安藤百福出生於一九一〇年日治時期的台灣，是台南人，原本的名字是吳百福。將杯麵從日本推廣到全球，掀起飲食革命的安藤先生其實是台灣出身，經過這件事，我除了認識日本與台灣的淵源之外，也注意到自己先入為主的錯誤觀念，竟然理所當然地以為杯麵是日本的發明。

各位是不是也常常以先入為主的觀念，觀看自己周遭的世界呢？

對於來到日本大阪的觀光客來說，道頓堀一帶以巨大螃蟹揮舞鉗子的「蟹道樂」看板，以及高舉雙手奔跑的「固力果」招牌聞名，是大受歡迎的觀光景點。中文、韓文的說話聲在這裡隨處可聞，足以令人一時搞不清自己身在哪個國家。在這裡搭電車的時候，聽見有人大嗓門說著中文我總會嚇一跳，因為日本人在車廂內不會那麼大聲說話，我一直以為這就是中國人的生活風格。

一直到前年，我初次造訪台灣，才發現自己先入為主的觀念錯得多離譜。我在桃園機場下了飛機，搭乘機場捷運前往台北，車廂內竟然一片寂靜。台灣人也和日本人一樣，不會在公共場合大聲說話。我這才知道，原來我在理解中國大陸的生活習慣時，也把台灣人視為同一個群體了。

還不只這樣。我愛吃中華料理，進到日本的中華料理店，即使飯前已經點了啤酒乾杯，我也會理所當然地加點紹興酒，這是因為我先入為主地認為這種酒一定適合搭配中華料理。來到台灣，我驚訝地發現根本沒有台灣人在餐廳裡喝紹興酒。

說到酒，在酒鋪還聽說了另一件更令我驚訝的事，那就是台灣釀造的噶瑪蘭威士忌。

前文提過日本的晨間劇，二〇一四年秋季播出的晨間劇是《阿政與愛莉》（マッサン），以日果威士忌（NIKKA WHISKY）創業者竹鶴政孝的故事為原型，演出竹鶴先生受到蘇格蘭當地威士忌的魅力吸引，因此挑戰釀造日本第一支威士忌的過程。

由於北海道余市的氣候風土與蘇格蘭相近，竹鶴先生選擇在這片土地上釀造日本威士忌，我也因此以為只有低溫的環境可以釀造出威士忌。但是台灣地處亞熱帶，氣候十分溫暖。

在台灣釀造的噶瑪蘭威士忌，正可說是顛覆了「提到威士忌最先想到蘇格蘭」的常識。老闆告訴我，噶瑪蘭威士忌不僅在二〇一〇年於蘇格蘭舉辦的評鑑大會獲得優勝，往後更是奪下無數全球性的獎項。

在日常生活中，我們以自身概略的知識、先入為主的觀念理解外在事物，藉此預測事態發展，度過每一天的生活。所謂的社會學，就是動搖我們心目中這些「理所當然」的事情、「理所當然」的行為，帶來嶄新發現的一門學問。換言之，不畏批判地說，社會學這門學問就像我造訪台灣的體驗一樣，透過接觸海外文化，反而能帶來更了解自己本國文化的喜悅，以及推翻既定觀念的狂喜。

我希望將社會學這種豐富人生的趣味與各位分享，因此以我自己丟臉的小故事，以及描寫日常生活細節的文學、電影等媒體文化為素材，寫成了這本書。各位若能藉著本書磨練自己的思考力，那就是我最大的榮幸了。

最後，容我向這次中譯本出版的相關人員致上謝意。

誠摯感謝時報推出前作《寫給每個人的社會學讀本》之後，這次願意繼續出版《鍛鍊思考力的社會學讀本》，身為作者，我備感光榮。感謝陳怡慈主編，繼前作之後不吝付出龐大心力，為本書與各位台灣讀者、甚至是繁體中文圈的讀者搭起一座心之橋梁，在此向陳主編致上由衷的謝意。陳主編溫暖的隻字片語不僅予人勇氣，也帶來了絕妙的靈感。

此外，感謝前作繁體中文版的譯者李尚霖先生，不僅帶我參觀台北、安排與台灣學者交流，更安排了與台灣學生談話的機會，真的非常感謝。

篇幅有限，難以一一列出每位朋友的名字致謝，謹在此感謝所有台灣朋友的溫情。

二〇一九年四月一日

岩本茂樹

導讀　提升人生戰力的社會學

王宏仁／中山大學社會學系教授

讀完本書後的第一個感想是：岩本教授應該是我失散多年的雙胞胎兄弟。

怎麼說呢？

從人生歷程來看，我們都不是走在主流社會的道路上。岩本教授大學重考一年，上大學後努力享受人生，對社會學沒啥興趣。去中學教書後，才想回頭讀社會學，最後成為大學教授。故事聽起來有點魯蛇但又勵志。

另類人生旅程，看見社會百態

好吧，有人會說，我是人生勝利組，大學沒有重考，就讀大學金字塔頂端的學校，一帆風順讀完博士，找到教職，擠入社會金字塔頂端。

那我們兩人的共同點是什麼呢？是我們選擇了一條非主流的道路前行，所以看到其他同輩的人所沒有看到的世界。

從中學開始，同志身分就讓我必須不斷跟主流異性戀意識形態協商或戰鬥，整個社會無時無刻都在告訴你，必須按照異性戀腳本走，例如學校告訴你，甜蜜家庭是一男一女；大學迎新盛行男女配對；過年回家時，親友關心是否有女朋友……每一次的當下，對我都是挑戰。這樣的人生經驗跟社會排除，與單親家庭的小孩、漢人社會裡頭的原住民、求職的障礙者、出身貧寒的工人，都有共通的經驗，時時刻刻必須面對社會的歧視，每一次的關心或歧視，情況都像打怪一樣，必須學習如何過關（passing）。

從日常生活習得社會學

兩人共通的第二個面向，就是思考模式非常接近，這種相似性連我都感到很驚訝。

岩本教授在結語的第一句話寫著：「社會學都在學什麼啊？」呵呵，跟我在《巷仔口社會學》序言一開頭寫的「社會學是什麼？」一模一樣，我都懷疑他是不是抄襲我的（哈哈，亂入的～）。

其實最關鍵的地方，應該是我們都受了社會學訓練，因此在思考模式上非常接近。我在上社會學的時候，非常喜歡用日常生活例子來解釋社會學概念，兩人共同的理念是：一個無法解釋社會現象的概念，只是個無力、蒼白的名詞而已。

岩本教授在第七章「文化塑造的性別差異」提到，他讀大四時去看電影，某位痴漢大叔坐在他旁邊，「把懸在空中的指頭伸向我的左大腿，食指和中指像彈鋼琴一樣有節奏地擺動」。可是他是異性戀，按理來說，應該發揮男性雄風，當場挺身抵抗才是；但他沒有，只有默默地移到另外一個位置，這讓他體會到，喔，原來自己也有「不是男人」的時刻。

我也有類似但不太一樣的經驗。讀研究所時，曾經去台北西門町的紅樓戲院看電影，當年的紅樓都在放映鹹濕片（對啦，就是沒有露任何一點的A片），不過男同志都知道這是約會認識人的場所。在沒有網路、只有《愛情青紅燈》雜誌的年代，要認識另外一個同志根本就是大海撈針，新公園、紅樓或三溫暖就成為男同志認識人的空間。

當我走入漆黑一團的戲院時，其實非常緊張，因為完全不熟悉那個空間，以及裡頭的「社會規則」。我當然期待著有帥哥坐在旁邊，可以「把懸在空中的指頭伸向我的左大腿，食指和中指像彈鋼琴一樣有節奏地擺動」。過不久有個人坐到我旁邊，我根本不曉得他是圓還是扁，只是心跳加快，不知如何是好。很慘，跟作者一樣，我後來也默默移到另外一個位置，最後當然一事無成。走出戲院後，心底非常懊惱，為何都已經身處同志空間了，但還是無法丟下假面，仍繼續表演著異性戀的腳本！

打怪過關的社會學

各位說看看，我們是不是失散多年的雙胞胎？竟然連經歷都可以這麼接近。

不過讀者也可以說，人們都習慣去找跟自己特質類似的地方，就如日本旅客來台灣想看日本殖民留下的遺跡、中國旅客來台灣希望找到已經失傳的中國文化，我這樣的雙胞胎類比，也只是一個中年大叔的異想世界而已。如果讀者可以看穿這一點，那麼你真是百年難得一見的練武奇才，因為你也知道社會「真實」，也是人們去建構出來的。我相信，如果有此書加持，你的思考綜合戰力一定會迅速提升，過關打怪易如佛來神掌。

當我翻開本書第一頁後，就忍不住讀到廢寢忘食，因為太有趣了，用故事就可以理解社會學概念，讀者躺在搖椅慢慢享用社會學饗宴。以自身豐富經驗深入淺出解釋社會學概念，大概是資深教授的強項，畢竟人生資歷多了。

所以，岩本教授一定同意我說的第三點相似性：我們都是大叔教授，且是戰力滿點的大叔。

第一章

社會學近在你身邊——日常生活是最好的教科書

人們像地面爬行的螞蟻一樣，在日常生活當中進行思考，這是微觀角度的現實社會；鳥瞰全景的視野，則是宏觀思考。社會學就是結合上述微觀與宏觀的兩種角度，藉以解讀人類社會的一門學問。

① 夏日往事

那是一九七一年七月，我重考大學時發生的事情。補習班放暑假之前，山田同學突然對我說：

「我要去學生村了。」

山田同學是我從高中就認識的朋友（下文對話中直接以「山田」稱之）。說起來，想必很多讀者都沒聽過「學生村」吧！大約在一九六〇年代到一九八〇年代左右，信州等地位於山間、高原的村落，會開設專供學生念書的便宜民宿。學生住一晚附三餐，僅要價約兩千至三千日圓，就能離開夏季炎熱的都會地區，在涼爽的自然環境中準備考試，另一方面也能起到鄉村復興的效果，這就是「學生村」。

當時一般人家中幾乎都沒有冷氣設備，考生爭相到公共圖書館吹免費空調，都還沒開館，圖書館門口已經大排長龍。

我和山田平時老是一起行動，本以為即使得排隊搶位置，暑假我倆還是會天天到圖書館報到，所以他這句話給了我很大的打擊。一方面覺得這朋友背叛了我，一句話也沒跟我商量，就暗中實行計畫；另一方面，一想到山田即將在涼爽的環境中培養實力，我覺得自己好像被拋在後頭：「那我呢？難道我就要這樣汗流浹背、徒勞無功地度過重考的夏天嗎？」

就這樣，我也跟著山田報名前往學生村。

我們來到長野縣小海町，在松原湖畔一間遠眺八岳的農家落腳。

迎來第一個早晨的時候，我一睜開眼睛，便看見房裡已經點了燈……

山田竟然坐在桌前念書，一看時間，現在才五點。

我：「山田，你怎麼這麼早起，幾點開始念的啊？」

山田：「四點。因為我一大早就醒了，睡不著……」

我：「為什麼不叫我起來！」

山田：「我看你睡得很熟……不好意思叫你啦……」

雖然不過是一個小時，我卻覺得山田早先一步開始念書，彷彿贏了我一大截，於是急急忙忙坐到書桌前。

隔天早上醒來，我看了看隔壁的山田，他還睡得很香，時鐘指著六點。

我比山田還早起，真是高興極了，馬上坐到桌前開始念書。趁著山田還沉睡夢鄉的時候，我卻在清晨苦讀，想來真是得意到忍不住笑了出來。但是我一心只想著領先山田，所以雖然翻開書本，卻一個字也讀不進去，山田昨天早上大概也是半斤八兩吧。

「喂，岩本，你幾點起來的？」

山田這麼問我的時候已經七點了。

我：「六點。因為我一大早就醒了，睡不著……」

山田：「為什麼不叫我起來！」

我：「我看你睡得很熟……不好意思叫你啦……」

和前一天早上的對話完全相同，只是說話的人顛倒過來而已。不過到了隔天早上，我們兩個都睡到太陽曬屁股，一直等到民宿老闆娘過來喊：「起床囉，吃早餐了！」才慢條斯理地爬起來。

又過了幾天，我們到附近的松原湖散步。湖畔旅館林立，設有招攬觀光客的攤販、渡船碼頭、觀光步道等等，我們決定去搭小船遊湖。「小船租借」的收費表上寫著：「三十分鐘三百圓」、「六十分鐘四百圓」。

我：「山田，要選哪一個？」

山田：「當然是六十分鐘啊，多三十分鐘只要加一百圓，一定是六十分鐘比較划算嘛。」

就這樣，我們決定租六十分鐘的小船。

山田操著船槳往湖心划去。但是山上的天氣瞬息萬變，原本明亮的天空突然蒙上厚重烏雲，豆大的雨點開始落下。周圍的小船不約而同划向岸邊，準備回岸上去了。

我：「山田，雨這麼大，要回去嗎？」

山田：「蠢貨，我們繳了四百圓，現在才划了十分鐘耶，回去不是太浪費了？」

在我們舉棋不定的時候，開始打雷了。

我：「山田，太危險了，不回去嗎？」

山田：「這個嘛……」

閃電伴隨雷聲一同畫破天際。我們手忙腳亂之際，忽然傳來一聲巨響，恐怕是落雷打中了湖畔不遠處的森林，樹梢上還冒起了黑煙。

我：「山田！太危險了！」

山田：「岩本，身上戴著金屬好像不太妙啊。」

山田說著，解下自己的手錶放在船頭，我也跟著拿下手錶，交給他放到船頭。

山田：「糟糕，岩本，還有皮帶扣！這裡被打到就慘啦！」

他邊說邊拆下腰帶，一樣放在船頭，我聽了也趕緊解開腰帶交給山田。雷聲響個不停，這場對抗險境的戰爭不僅沒有平息，山田還接著說：

山田：「岩本，糟啦，還有褲子的拉鍊！打到這裡就真的完蛋啦！」

當時我坐在船尾，聽到山田這麼說，我趕緊保持坐姿把長褲往下拉，沒想到山田卻直接站起身來脫下長褲，下半身只剩一條內褲。

我們把身上可能引發落雷的危險物品全部堆在船頭之後，沒過多久，雨突然停了，四周的景色又開始明亮了起來。抬頭看看天空，烏雲正迅速退去，山上的天氣真是瞬息萬變，這次正好反過來，雲隙之間轉眼就露出了藍天。

山田：「怎麼樣，岩本，留在船上是對的吧！還可以再坐十幾分鐘咧！」

言下之意彷彿我們做了個無比明智的決定，下半身只穿條內褲的山田從船頭拿起自己的長褲，再次站起身來。

就在這個時候，我感受到遠方的視線。望向旅館林立的湖邊，才發現每間旅館都有觀光客從各樓層的緣廊探出頭來，朝著我們這邊看。

這也不意外，畢竟這裡的旅館以湖景為賣點，現在天氣又差，觀光客紛紛躲回屋內，屏氣凝神坐在客房緣廊，看我們在天候惡劣的湖中奮鬥。

我：「山田……」

我用眼神示意山田看看旅館的方向。山田剛把一條腿穿過褲管，一邊問了聲「嗯？」，一邊轉過頭去看。山田的反應竟然是舉起空著的右手朝觀光客揮手，坐在旅館的人看了也跟著朝我們揮揮手。

之所以說了這麼多我在學生村發生的故事，是因為其中充滿了我理想中的社會學風格與精髓。

本書講解社會學的時候，會以我自己丟臉的小插曲以及文學、電影為例子出發，這都是為了將接觸社會學知識的喜悅傳達給各位讀者。

②「理論」=「劇場」

有兩位社會學家，讓我對這種講解社會學的風格更有信心，分別是斯坦福・萊曼（Stamford M. Lyman）以及馬文・史考特（Marvin B. Scott），他們的論述要點如下。

「理論」（theory）這個用語之所以源自希臘文的「劇場」（theatre），是因為將一個現象理論化最恰當的方法，本來就具有戲劇性的構造。

古希臘初期的理論家被稱作「theoria」，它代表的意思是神諭的使者、參與其他城邦神聖祭典或競技活動的使節團、觀賞競技的人，同時也代表了學習異國風俗習慣、法律規章的旅人。

從此引申出「理論化」（theorize）這個詞，除了代表觀看未知的新世界、向人報告新世界的情形之外，更重要的是，世界上有某些特徵我們即使看在眼裡，卻沒有意識到；前述兩位社會學家認為，「理論化」的重點就在於闡明這些特徵。

而這些闡明的內容，在希臘文中稱為「真理」（aletheia），這個字帶有揭開、揭露的意思，代表了一般視覺無法看見、隱藏在表象之下的道理。

但是重點在於，對於看見真理的理論家而言，「日常生活的世界」才是提供各式各樣的狀況、從中引導出真理的場域。因此，從人類的活動現象導出真理的理論，也就是行為的理論。

由於人類造成的所有事件，都是由行為導致、透過行為完成，因此才稱為「戲劇」，「drama」一詞正是源自希臘語「做」的動詞「dran」。

所有社會科學的根本問題正是人與人之間的關係，因此上演人際關係的戲劇，等於是「提供觀眾（理論家，theoria）揭發不為人知的真理（aletheia）的機會」，萊曼接著有一段論述如下：

> 社會學上的分析，必須以日常生活中的行為表現為分析文本。社會學者如果要以行為理論為基礎構成自己的學說，首先必須要以觀看戲劇的「觀眾」（audience）的方式行動。他們必須特別注意舉手投足、用字遣詞的性質、秩序、意義、結果，必須以哲學觀察者對於人類日常生活這場戲劇的注意力，定位他們科學態度的核心。
>
> 也就是說，社會現實會以戲劇的方式實現。換個說法，現實正是一場戲劇，人生就是劇場，而社會世界原本便帶有戲劇特質。

《社會現實的戲劇》(*The Drama of Social Reality*)

由於人類會在說明行為動機、正當化自身行為的時候透露自己的身分認同,因此社會學分析必須處理日常生活中的行為,而且社會學家必須像看戲的觀眾一樣,透過悉心觀察日常生活導出理論,進而構成理論。

我們根據萊曼的論點,回頭看看我和山田在學生村清早起床念書的情形吧。

照理來說,同屆報考的眾多考生全都是我們的對手,但是對於我和山田而言,我眼中只有山田一個對手,山田也只看得見我這個對手。

假如我們彼此切磋砥礪,保持良性競爭,確實會收到更好的學習成效;但是假如唯一的對手怠惰懶散,眼前就只剩下自己也跟著失去動力一途。我們沒多久就選擇了後面這條路,真是哀傷。

如上所述,明明有無數應考的學生,這整個群體理應都是我們的競爭對手,但是在學生村準備升學考試的時候,我們能夠參照的對象卻只有非常微小的群體,也就是我們彼此而已。

從這個小故事可以導出羅伯特・默頓(Robert K. Merton)提出的「參照團體」

（reference group）概念。了解參照團體的觀念，便能解讀各式各樣的行為現象，例如每個群體各有約定俗成的服裝打扮，或是參加同一個運動、音樂社團的成員想要擁有相同品牌的用具、樂器等等。

接下來，再回頭看看我和山田在松原湖上對抗惡劣天候的故事吧。

面臨落雷危機，我們只知道「雷會打在金屬製的東西上」，運用這項粗淺的知識努力確保自己的安全。此外我們也考慮到租借小船的花費，為了盡可能創造出合理的利益而行動。

每一個人都是運用自己手邊擁有的知識，著手處理眼前的問題。與我們這個小世界當中的思考對照之下，從安全之處遠眺我們兩人的觀光客，就像是鳥兒從高空俯瞰的視角。從這種鳥瞰全局的視角看來，我們兩人在松原湖上的行為，一點也不像是以科學方法確保自身安全。

人們像地面爬行的螞蟻一樣，在日常生活當中進行思考，這是微觀角度的現實社會；鳥瞰全景的視野，則是宏觀思考。萊曼認為，社會學就是結合上述微觀與宏觀的兩種角度，藉以解讀人類社會的一門學問。

為了鑽研這門學問，必須由日常生活的世界「提供各式各樣的狀況」，才能從中引導出真理；假如沒有這項前提，便無法抵達真理之所在。

除了萊曼的理論之外，內田義彥也強化了我「想要窮究自己的社會學風格」的想法。

內田在《社會認識的演進》（社会認識の歩み）一書中，曾經討論過將學術理論變成自己的東西是怎麼一回事。

簡而言之，學術理論必須能夠幫助我們每一個人，培養深入檢視社會、進一步檢視自我的眼光。

> 歸根究柢，組成社會、生活其中的個人，與社會產生什麼樣的關聯、又應該如何加以看待，與這一點也有密切的關係。人類雖然不是孤立的存在，卻也不單純是構成群體的一個要素，這就是每一個個體學習學術思考的意義。
>
> 《社會認識的演進》

舉例來說，假如你讀了一本書覺得有趣，並不是因為你讀到這本書，而是因為讀到了透過這本書閱讀世間的自己。另一個更有趣的實例則是「賽馬」。

外行人賭馬的時候，容易憑著對馬匹名字的偏好、自己的生日數字、今天的幸運數字下注。不過來到賽馬場之後，假如看見當天的天候狀況，發現這時跑道是飽含雨水的軟地，購買彩券時便會改押擅長這種場地的馬。除了跑道狀態之外，我們也會多方蒐集馬匹血統、馬廄位置、騎師經歷等資料，綜合考量之後預測比賽結果。換言之，對於事物的認識越是深入，越不會停留在主觀的美好想像，而是根據客觀認知做出預測。

內田在論述當中指出，「當我們每個人都成為賭客，從中必定會產生客觀的認知，這就是社會科學的認知起點」。

我希望一方面能回應這些學術前輩的真知灼見，一方面運用我的自身經歷、接觸過的文學與影像作品，展現研究社會學的人是以何種方式思考，又是如何努力觀察原本看不見的現象，藉此與各位讀者一同品味社會學這門知識的藝術。

▶▶深入探討

1 你與同伴之間的世界，有沒有遭受過周圍異樣的目光？請你回想類似的經驗，思考微觀與宏觀的問題。

2 請從你蒐集客觀資料、情報，解決日常問題的經驗出發，想想看「以科學方式思考社會」是什麼樣的概念。

第二章

我的紀念物——這算是跟蹤狂嗎？

社會上總是教育女性，拒絕男性表白的時候態度應該要溫柔。另一方面，許多文學、電影等媒體則不斷教育男性，遭到拒絕仍然積極進攻，才是男性該有的態度。那些跟蹤騷擾的行為恐怕不是從近年才開始出現，而是由於「跟蹤狂」一詞的普及，我們才開始看見這種行為。

① 逝去的日子——我的紀念物

有時候聽見特定的地名、建築物名或曲名，令人懷念的回憶就會一下子甦醒過來。各位讀者心中是否也有這種「紀念物」呢？

對我來說，這喚醒青春酸甜回憶的紀念物，就是近鐵奈良車站前的「行基菩薩像」。

高中三年級那年，第二學期剛揭開序幕的時候，早晨搭電車上學途中，我開始注意到固定在某站上車的一位女學生。到了十一月楓紅漸濃的季節，我對她的好感益發強烈，演變成無法抑遏的愛慕之情。

從制服可以看出她是N女子大學附中的學生，國中二年級，和我同班同學的妹妹同年。

到了二十幾歲以後，區區四歲的年齡差距根本無關緊要；不過對於當時才十七歲的我而言，喜歡上十三歲的女生可是非比尋常。朋友們也大感意外，紛紛告訴我：

「勸你還是打消這個念頭吧，岩本！那個女生才念國中而已！」

即使被他們封為蘿莉控也不奇怪，但是我始終無法澆熄心中那把愛火，終於決定向她告白。

我們的學校都在奈良市，所以兩人都是搭乘近畿鐵道的橿原線，在大和西大寺站下車，再轉搭前往奈良站的列車。一踏上西大寺的月台，我便走近那個女生說：

「早安，我喜歡你。」

突然開門見山丟出直球，很傻吧！這樣怎麼可能順利發展嘛。不過當年的我有點狡猾，費盡了心機，就是不讓她立刻說「不」。

「我這麼說，也許馬上就能得到你的答覆，但是我希望你先別告訴我答案。要不要交往得先了解對方才能決定，知道對方喜歡什麼顏色、喜歡吹什麼樣的風、喜歡哪些事物之後，到時候再請你把答案告訴我。」

我藉著這種狡猾的話術封鎖了她否定的答案，延緩遭到拒絕的時間，迫使她「先跟我來往看看」。現在回溯當時的記憶、寫成文字之後，忍不住覺得那時的自己真是令人作嘔的討厭鬼。沒想到她卻抬起頭對我露出笑容，我見狀立刻乘勝追擊。

我：「不知道你願不願意跟我見個面，就約今天放學後如何？我想跟你聊聊天。」

她：「今天要準備文化祭，放學會忙到比較晚。」

我：「那就約五點，在行基菩薩像前面好不好？」

她：「這時間應該沒問題。」

事態發展真可謂急轉直下，我那幾個在遠處圍觀的朋友也嚇了一跳，壓根沒想到我竟然跟那個女孩子愉快地聊了起來。到了奈良站，由於我們的學校在相反方向，於是確認了見面的時間、地點便彼此道別。

我高興得簡直要飛上天了，那天正好有模擬考，我在考卷上振筆疾書，文思泉湧，不過一切只是因為興奮之情使然，後來收到的模考成績慘不忍睹。約定的時間逐漸迫近，朋友叫住我：「時間還早呢！」我將他們的聲音拋在腦後，依約來到近鐵奈良站前的行基菩薩像，這時距離約定的時間還有二十分鐘。

但是，到了約好的時間，她卻沒有現身。

五分鐘過去了。我在腦海中想像她從東大寺的方向朝這邊跑過來的身影，她會一邊使勁朝我揮手，一邊急匆匆地跑下斜坡道，然後這麼問我：

「對不起，是不是讓你等了很久？」

我會對她搖搖頭說，「沒有，我才剛到。」……之類的……。

但是過了十分鐘、二十分鐘，她依然沒有出現。過了三十分鐘，夕陽已經西沉，周遭也暗了下來。這時，我心裡的想法是：「是不是搞錯時間了？」也許是我記錯了時間，也可能是她弄錯了，總之只要改變我們約定的時間，「她放我鴿子」這件事，也就是「這場約會的破滅」就不算數，於是我重新抱著期待的心情等她赴約。

好了，約定的六點到了，但她還是沒有來。我腦中再度浮現她邊揮手邊跑下奈良坂的畫面，想像我們之間同樣的對話。

經過十分鐘、二十分鐘，過了三十分鐘，還是不見她的蹤影。這時我心想：等一下，我一直認定行基菩薩像只在近鐵奈良站東側才有，該不會西側也有一尊行基菩薩像吧？

我急忙跑到西側確認，不過當然沒看見行基菩薩像，只好一面走回東側，一面納悶：「為什麼會這樣？」最後，我一直等到七點半才罷休。

一般來說，我的戀情應該就此畫下句點了吧？但我卻不這麼想。

她一定是家裡發生了什麼事，或是因為感冒之類的原因提早離校了。

回想起她答應時臉上浮現的那個笑容，我認為她不可能不赴約。

隔天早上她一定會朝我跑過來，一五一十告訴我失約的原因。我一面這麼想，一面搭上平時往學校的電車。但是，今天卻不見她搭上這班列車。

平常應該在這時候就會放棄了吧。但是我卻這麼想：

她是不是染上了重感冒？不對，她會不會是因為那天失約心裡內疚，不好意思跟我見面，所以才刻意改搭其他班次的電車上學？這時我腦中浮現的行動計畫是，搭乘首班電車，到她平時上車的那一站等她現身。

我坐在長椅上痴痴地等，但是等到平時搭乘的電車進站時，仍然不見她的身影。假如沒搭上這班電車就要遲到了，於是我只好心不甘情不願地上了車。

電車緩緩開動的時候，我從車窗看見她與朋友一起從票口走進車站。

一切都結束了。沒錯，這樣總該畫下句點了吧？但是、但是，我卻無法就此揮別這段戀情，因為我還不知道她真正的心意。

這時候我想，假如無法見面，能和她直接交談的方式就只剩下電話了。我透過同學的妹妹打聽到她家的電話號碼，撥了通電話過去。接電話的是她爸爸，轉接之後話筒才交到她手中。

我：「你好，我是那時候在西大寺跟你搭話的岩本。」

她：「啊……你好。」

我：「能不能跟你見個面？」

她：「對不起……」

我：「沒辦法，是嗎？」

她：「……嗯。」

我：「我知道了。那就再見了……請你保重。」

就這樣，我的行基菩薩像之戀就此結束。

各位讀者閱讀這個故事的時候，心裡肯定忍不住覺得：「咦！你還要去找她嗎！」、「這樣不好吧！」、「好恐怖！！」。不，不只是恐怖而已，有些讀者甚至會認為：「這已經是跟蹤狂了吧？」

回想起來，我也認為這是非常自我中心、死纏爛打的行為。各位聽來也許像是強辯，不過當時我是這麼想的：

她已經答應跟我見面，卻沒有告訴我「為什麼無法赴約」，或者該說「為什麼選擇不赴約」。正因如此，我對她熱烈的愛慕之情才一直無法冷卻下來。

② 促使我採取行動的背景

以上就是我丟臉的追求經驗。不過歸根究柢，這些行為是我一個人獨自催生出來的嗎？我與周遭的人群、社會建立關係，在這些關係當中思考，最後才產生行動，這麼想是不是比較自然呢？因此，我想追溯一下當時足以鼓勵我採取上述行動的情境。

高中課程當中，我特別喜歡「世界史」，不過與其說喜歡這門學問，倒不如說是因為負責教授這門課的秋山老師很有個人魅力。

講起路易十六（Louis XVI）與王后瑪麗・安托瓦內特（Marie Antoinette）試圖跨越國境的「瓦雷納出逃事件」（Flight to Varennes），秋山老師簡直像是親眼見證事件經過一樣，講課方式充滿臨場感，每一幕歷歷如在眼前。不，還不僅如此，老師在課本以外的閒談，更是牢牢抓住我的心。

假如搭電車的時候邂逅了自己心目中的理想女性，你會怎麼做？

就這樣跟她擦肩而過嗎？

有機會不好好把握，那才是真的愚不可及。

老師先向我們提問，勾起我們的好奇心，才開始提出自己的說法。

「假設你在某輛電車上遇見她，那個時間的班次、在哪一站上下車、週幾搭車等等，其中某些情報對她來說一定是有意義的。所以，看你是要持續搭同一個時間的電車，或是到她上下車的車站等待，找出她在週幾搭車的規律等等，想辦法製造再次見面的機會。如此一來，你和她的邂逅就超越了『偶然』。不論什麼樣的機會，都要好好把握……」

我屏氣凝神、睜大眼睛，全神貫注聽著老師這番話。

當時還有一部電影《畢業生》（*The Graduate*）令我深受感動。主角班傑明（達斯汀・霍夫曼〔Dustin Hoffman〕飾）以優秀的成績從大學畢業回鄉，卻找不到將來的目標，過著缺乏動力的生活。這時，父親朋友的妻子誘惑了年輕的班傑明，電影上演到這一幕，背景響起賽門與葛芬柯（Simon & Garfunkel）優美的歌曲「羅賓遜夫人」（Mrs. Robinson）。

然而，羅賓遜家的女兒伊蓮（凱瑟琳・蘿絲〔Katharine Ross〕飾）此時也回到故鄉，班傑明被迫與夫人的女兒交往。一開始班傑明只是不情願地赴約，後來卻深受伊蓮吸引，兩人墜入情網。

但是好景不常，班傑明怎麼可能與羅賓遜夫人有染，又和她女兒修成正果？伊蓮得知母親與班傑明的關係，便離開班傑明，回到大學去了。

班傑明無法放棄心中對她的愛戀，開始積極行動。

他在伊蓮就讀的大學出沒，更搬到她的公寓附近，一心想向伊蓮表達自己的心意。就在班傑明認為她終於敞開心扉的時候，伊蓮卻突然失去了蹤影。

原來伊蓮已經準備與父母相中的醫師結婚。班傑明無論如何都要將伊蓮找回來，他甚至假扮為牧師，找出她們舉行婚禮的教堂，最後成功確定了地點，開著紅色的愛快羅密歐Spider跑車趕赴婚禮。

半途中汽油沒了，車子再也發不動，曾經當過田徑選手的班傑明拋下跑車，開始拔腿狂奔。當他終於抵達教堂，正好透過二樓窗玻璃看見新郎和新娘和準備接吻的光景。班傑明拍著窗戶嘶聲吶喊：

「伊蓮！伊蓮！」

伊蓮聽見他的聲音，拋下新郎奔向班傑明。伊蓮一身白紗，班傑明牽著她的手搭上巴士，背景映著後頭追來的人群，兩人相視而笑。電影的最後一幕深深撼動了我的心。

此處想邀請各位思考的是，雖然最後班傑明與伊蓮心意相通，但是假如只看他纏著伊蓮來到大學、到她住的公寓附近、從教堂把她帶走的行為，《畢業生》這部電影是否也能解讀為「跟蹤狂行為」？

但在當年，看見「積極追求女生」、或是更誇張的行徑，只會說這種人「死纏爛打」，卻沒有人會說這種人是「跟蹤狂」。更甚者，社會上對於秋山老師的說法、或是電影裡那種執拗的追求方式，反而瀰漫著一股讚賞的風氣，這一點也足以驅使我採取行動。

③ 盧森堡公園

許多讀者應該都看過二〇一二年上映的電影《悲慘世界》（*Les Misérables*）。《悲慘世界》原為維克多・雨果（Victor Hugo）於一八六二年發表的小說作品，課本當中也收錄了主角尚萬強遇見米里艾主教，從此洗心革面的故事。

尚萬強在米里艾主教的屋子裡受到盛情款待，卻為了生計偷走銀製餐具逃跑，遭警方逮捕歸案。警察將尚萬強押到米里艾主教面前，主教卻告訴警察「那是我送給他的」，還將造價高昂的銀燭台也交到尚萬強手中，問他：「你是不是忘了把這個也帶走？」也許是因為這個打動人心的場面，才會採用這部作品作為道德教育的教材。

不過讀了《悲慘世界》，吸引我的卻是馬留思在盧森堡公園採取的行動。

將屆十五歲的美麗少女珂賽特，吸引了二十一歲的馬留思注意，為了多看她一眼，他裝出沉迷讀書的樣子，盡可能接近坐在長椅上的尚萬強和珂賽特，在近處停下腳步偷看、來回徘徊。

各位不覺得馬留思的動作很有趣嗎？而且邊讀書邊走路的動作，也令人感受到時代差異。假如換作現代，應該是假裝在滑手機吧。

> 過了十五個月，這想法才首次浮上他心頭：每天和女兒一起來到公園，坐在長椅上的那位紳士，一定已經注意到自己的行動了，說不定覺得他形跡可疑，老是這樣跟著他們。
>
> 《悲慘世界》

馬留思雖然也明白自己的行為啟人疑竇，但是：

「到了那時候，已經沒有任何事物可以阻止他了。」

（前揭書）

一天傍晚，尚萬強和珂賽特離開之後，長椅上掉了一條手帕，上頭繡著姓名縮寫「U・F」。馬留思確信這是年輕女孩的手帕，那縮寫想必是她可人的名字了，他忍不住親吻那手帕，將它的香氣深深吸滿胸膛。

白天，馬留思貼身把那條手帕帶在胸口；到了晚上，便吻著那手帕沉入夢鄉。他如此高喊：

我在這手帕裡感受到她所有的心思！

（前揭書）

可惜，那條手帕其實是尚萬強不小心從口袋裡掉出來的。尚萬強化名為烏爾邦・法白爾，手帕上繡的「U・F」是化名的縮寫。所以馬留思每天享受的其實是尚萬強的香氣，他卻對此毫不知情。

馬留思對珂賽特的愛慕日益強烈，尚萬強獨自來到公園的時候，他一心想確認珂賽特的住處，於是跟蹤尚萬強走出公園。

自此以後，馬留思的幸福除了在盧森堡公園眺望她的美貌之外，又加上了跟著她回到家的幸福。

（前揭書）

各位覺得如何？

看了我戀愛失敗的故事、電影《畢業生》之後，心想「這是跟蹤狂吧？」的讀者，看了馬留思的行為又怎麼想呢？

假如馬留思的行為也一樣有「跟蹤狂疑慮」，《悲慘世界》就是最早描寫跟蹤狂行為的十九世紀文學了吧。

當然，到了一九七一年仍然沒有人以「跟蹤狂」稱呼這種行為，而《悲慘世界》的故事發生於一八一五至一八三三年，因此當時自然也不會有人指控馬留思是跟蹤狂了。

圖一　家暴被害與跟蹤騷擾被害件數（警察廳統計）

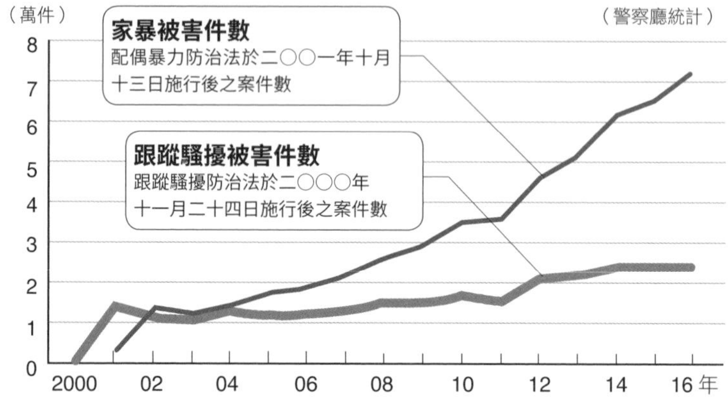

④ 揮別跟蹤狂的詛咒

「跟蹤狂」這個詞是什麼時候開始出現在社會上的呢？

請看警察廳彙整的跟蹤騷擾受害統計圖（圖一）。可以看出跟蹤騷擾受害者年年呈現增加趨勢，但二〇〇〇年的件數為零。也就是說，規範跟蹤騷擾行為的相關法律於二〇〇〇年十一月實施之前，日本的紀錄上沒有任何跟蹤狂的案例。

更進一步來說，「跟蹤狂」（ストーカー）這個詞直到一九九五年才在日本誕生。

這一年，美國記者林登・葛羅斯（Linden Gross）的著作《得不到你就傷害

你：跟蹤狂與被害者的真實故事》（*To Have Or to Harm: True Stories of Stalkers and Their Victims*）推出日譯本《ストーカー—ゆがんだ愛のかたち》，書腰文案寫著：「震撼全美女性的恐怖事件！明天受害的說不定就是你！！」

翻開封面，有一篇題為「致各位讀者」的序文，摘錄文末如下：

> 總而言之，愛情與妄想這些感情不分國界，希望此時此刻發生在美國的恐怖跟蹤惡夢，永遠不會發生在日本。
>
> 《得不到你就傷害你：跟蹤狂與被害者的真實故事》

可惜葛羅斯的祈願沒有成真。

一九九八年，精神科醫師香山理香（香山リカ）前往一場為中高齡聽眾舉辦的演講會，聽見主持人說：「談戀愛沒什麼不好，但是大家要小心別被跟蹤狂盯上了。」這句話在會場掀起了熱烈反應。

> 跟蹤狂指的是「基於戀愛等情感，未經對方允許反覆糾纏騷擾」，看來這個詞

語已經沒有世代之分，成了日常當中出現的詞彙。

《愛自己是怎麼回事》（〈じぶん〉を愛するということ）

日本人彷彿早已等待這個詞彙許久，葛羅斯提出的「跟蹤狂」一詞立刻廣為日本民眾接受，深入普及到社會當中。從這個現象可以推測，跟蹤騷擾行為恐怕不是從這一年才開始出現，而是由於「跟蹤狂」一詞的普及，我們才開始看見這種行為。

葛羅斯對於「跟蹤狂」的討論，圍繞著社會上深植人心、以男性為中心的故事展開：「一開始對方雖然不想和自己來往，不過後來順利發展成親密關係。」

換言之，社會上不分男女，對於眾多男性「積極求愛」戰略的支持力量，才是所有跟蹤騷擾事件的核心所在。

香山引用精神科醫師春日武彥的「內在跟蹤狂」一詞，說明任何人內心都有成為跟蹤狂的因子，並向讀者介紹文化人類學家上田紀行提出的另一種「內在跟蹤狂」。

上田指出，跟蹤事件雖然是跟蹤狂本人應該負責的問題，但是「我」無意間在別人身上塑造出跟蹤狂的他人意象，也必須為此負起一部分的責任。根據上田的論述，現代社會雖然追求與他人交流，不過一旦溝通過程不順利，便會產生單方面放棄與對方來往的傾向。放棄這段關係之後，對方做出任何無法理解的舉動都會立刻被歸類於跟蹤狂的範疇。

這就是在自己內心賦予他人跟蹤狂的意象，也就是「內在跟蹤狂」的問題。

再回頭看看我追愛失利的故事。女生沒有赴約，我卻再三糾纏，當時我內心的邏輯是：我確實懷著淡淡的期待，心想也許這段感情還有希望也不一定。但是沒有從她口中聽到明確的拒絕，我永遠都不知道她沒有到行基菩薩像前赴約的理由。

換句話說，如果用標點符號來比喻，她必須親口畫下「句點」，我才能為自己這段感情畫下休止符。反過來說，聽到明確的拒絕之前，不論發生什麼事，對我來說都只不過是「逗點」，還有繼續下去的可能，所以才遲遲無法放棄這份感情。

直到真正畫下句點、結束這段感情，我才有辦法將它收進回憶的抽屜。再進一步說，唯有如此我才能放下過去，迎向下一段緣分。

但是現代人往往不願意冒犯別人，例如傳訊息或寄電子郵件的時候，某些人會選擇以不回應的方式暗示對方，「這樣你應該理解『我們的關係已經結束了』吧？」這種做法等於是將自己的答案寄託於對方的解讀，主動將產生誤解的可能性交到對方手中。

此外，我也聽過學生提起下列這種狀況。

那位同學說，他交往的對象「突然傳訊息說『想分手』」。僅收到這句訊息，無從得知對方是以什麼樣的表情說出這句話，也不知道分手的理由，有些人無法就此為這段關係畫下句點。

既然已經走入一段關係，即使冒著被對方討厭的風險，也應該直接將自己的想法清楚、明白地表達給對方知道。對於共同度過一段時光的人，這才是最低限度的回禮，難道不是嗎？

否則誠如上田紀行所言，萬一對方像我一樣，跑來追求這段關係的「句點」，恐怕又會塑造出「內在跟蹤狂」的他人意象了。

當然，任何人都有成為跟蹤狂的可能。即使分手了，仍然應該好好對待曾經交往過的對象……有時候這種想法也可能造成問題。

葛羅斯指出，假如你以為把對方當成跟蹤狂只是自己想太多，選擇滿足跟蹤狂一部分的要求，那可是萬萬要不得。「這樣對方應該就滿足了，不會再來糾纏我了吧！」這種樂天的想法會帶來什麼樣的危險呢？葛羅斯是這麼說的：

「好吧，我知道了，就陪你喝杯咖啡吧。」於是你接受了跟蹤狂的要求。但是跟蹤狂越來越得寸進尺，因為你已經開了先例，所以跟蹤狂自然期待往後你也會同樣答應他的要求。

……

有時候由於害怕傷害別人，我們沒有清楚表達自己能夠做到的限度，或是沒有畫清界線。但是，這就等於給對方打了ＯＫ的暗號。

《得不到你就傷害你：跟蹤狂與被害者的真實故事》

「積極追求」與「跟蹤騷擾」之間有一條看不見的界線存在，但是「男性的積極」一旦發展成暴力，那就屬於犯罪的範疇了。為了避免受害，即使冒著被對方討厭的風險，還是必須以明確的態度清楚表明自己的想法。

社會上總是教育女性，拒絕男性表白的時候態度應該要溫柔。另一方面，《悲慘世界》等超越時代的文學、電影等媒體則不斷教育男性，遭到拒絕仍然積極進攻，才是男性該有的態度。

如上所述，「積極追求」的價值觀深植人心確實是一個問題。不過現代社會還有另一方面的問題，那就是有一部分的男性害怕「被人稱為跟蹤狂」，因而無法採取積極的態度。

這是不是「草食系男子」的成因呢？擔心行為過於積極會遭人指為「跟蹤狂」，也許是草食系男子誕生的原因之一。

「草食男」這個詞彙用以揶揄遲遲不敢向異性示好的男性，也可以說是包括女性在內的世人共享了「男性就是應該要積極」的價值觀，催生出了這個鼓勵男性主動出擊的新詞語。

別害怕談戀愛，第一步先從好好向對方傳達自己的心意開始吧！然後，到了揮別這段感情的時候，即使心裡難受，還是請你為彼此畫下明確的句點。這種態度，也許正是解開跟蹤狂詛咒的關鍵。

▶▶深入探討

1 請試著舉出令你睹物思人、喚醒久遠回憶的「紀念物」(地點、物品等)。請你對照當時的社會狀況、自己的狀態，思考為什麼這項物品會刻在腦海中成為自己的紀念物。

2 試探討家暴等騷擾行為相關用語的誕生，與我們的社會文化有什麼樣的關聯。

第三章

剪不斷的情——三個世界

人類無法獨自存活，我們各自與形形色色的他人建立連結，活在社會的網絡當中。唯有受到他人承認，我們才能實際感受到「自己確實活著」。「我」如何受到他人承認，這正是個人最攸關存亡的大事，是支持自我認同的關鍵。而戀人在茫茫人海中僅接納「我」一個人，正是世上唯一一位承認「我」不可或缺的存在。

① 剪不斷的情

身邊的人是否也曾經警告過你「別跟那種男人（女人）交往」，或者你是否也曾向人提出類似的忠告呢？

距今大約十年前，我擔任兼任講師教書的時候，曾在秋季學期第一堂課請學生繳交作業，題目是「這個夏天的新鮮體驗」。學生交上來的作業當中，有一段非常沉重的文章。

歸根究柢，「愛的定義」、「何謂戀愛」這些探究本質的議題已經屬於哲學的範疇了。但是，既然那位女學生願意向我真誠吐露自己的痛苦，為了回報她的信任，我想在這一章以社會學的角度出發，探討「剪不斷的情」是怎麼一回事。

那位學生嚴肅的文章如下：

> 今年夏天我什麼也沒做，所以沒什麼經驗好寫，但我想如實記下一件事。
>
> 我發現自己懷孕了，孩子的爸爸是高中交往過的前男友。我們兩人明明已經分手，卻還是藕斷絲連持續著那方面的關係，最後終究走到這個地步。

我實在好愛好愛他，所以前男友也只在自己有需求的時候來找我，我成了他呼之即來、揮之即去，方便利用的女人。

這事實我自己看得一清二楚，但假如前男友現在說要跟我見面，我仍然無法拒絕，真討厭這樣的自己。

發現懷孕之後，我們經過討論決定拿掉孩子。老實說，懷上喜歡的人的孩子，我心裡好高興。但是前男友說：「生下來也沒辦法照顧，這樣小孩太可憐了。」聽他這麼說，我也同意了。

這時候我才知道，原來墮掉喜歡的人的小孩，是一件這麼痛苦的事情。被流掉的孩子明明比我更可憐才對……

當時我前男友已經交了女朋友，墮胎那天，他沒有陪我，而是選擇了現任女友。手術剛結束，前男友便告訴我他跟女朋友在一起，我消沉得甚至忘了心裡的痛。

我也曾經氣得火冒三丈，曾經用盡全力去憎恨。

後來我們的關係被他現任女友知道了，女友甩了他，於是我和前男友又開始見面。結果我見了他仍然覺得心動，他分明做了這麼過分的事，我也不懂為什麼自己還是一樣喜歡他。

最近，一個略有好感的男生向我告白，但是前男友的存在占據了所有心思，我沒有辦法跟那個男生交往。

我究竟會身陷這種狀態到什麼時候呢……？

想把他拋諸腦後卻無法忘懷，想恨他，卻無法真心討厭這個人。

好像誤闖了沒有出口的迷宮。

朋友告訴我：「總之，你現在應該要站到比那個男人優越的位置才對。想迷住對方，你就要努力擺出滿不在乎的態度，因為那男人深信不管他做了什麼，你都一定會跟過來。」

我現在完全不知該如何是好，只想全心全意投入不相關的事情，打算每週排滿六天打工。

寫完發現好像跟社會學沒什麼關係。原來人的生命，是在這麼多重的偶然之下才得以誕生，這是今年夏天我切身的體會。

②《美女與野獸》潛藏的詛咒

身為當事人，那位學生十分清楚前男友是個不忠的男人，卻無法斬斷情絲。羅賓・諾伍德（Robin Norwood）於其著作《愛得太多的女人》（*Women Who Love Too Much*）提出下列問題展開討論：

> 天下眾多女性為什麼熱烈追求真心相愛的對象，卻總是愛上糟蹋她們愛情的男性？面對感情不忠、不成熟的男人，為什麼她們心裡知道不應如此，卻無法下定決心斬斷這段戀情，反而更執著於那個不該愛的人？這個現象背後潛藏了什麼樣的心理？
>
> 《愛得太多的女人》

諾伍德的論述核心在於，「遇人不淑的女性」身陷魔咒之中，誤信「只要我乖乖的、不跟他生氣，事情就會圓滿落幕」。

諾伍德指出，這類女性的特徵在於，面對男性不當的行為，她們會視而不見、自我麻痺。不過，在她們自我犧牲的面具底下，毫無疑問潛藏著另一個目的，那就是將對方塑造為自己理想中的男性。

諾伍德斷言，她們雖然以自我犧牲的形式奉獻愛情，內心卻計畫收到對方的愛作為回報。換言之，雖然乍看之下她們態度被動，拒絕承認現實、以為只要當個乖孩子一切就會圓滿落幕，諾伍德卻在論述當中一針見血地指出，背後其實隱藏了隨心所欲控制現狀的野心。

她們因此單方面以為：「我幫了他，所以他不可能拋棄我。」殊不知這種行為只會寵壞了男人，妨礙他們自立自強、獨力解決自己的問題；更甚者，女方努力綁住心上的他，反而只會把他的心越推越遠，最後招來悲劇的結局。

這本《愛得太多的女人》最經典的部分，在於諾伍德提出的「美女與野獸症候群」理論。相信各位讀者也聽過《美女與野獸》這部作品，這是美麗女子邂逅城中野獸的故事：

相貌醜陋的老太婆來到城堡裡，遞出一朵玫瑰花，希望王子讓她借宿，卻遭到王子拒絕。老婆婆對王子的態度心生不滿，於是施下魔咒，把王子變成了野獸。

不過，只要在老婆婆送的這朵玫瑰花凋萎之前，變成野獸的王子成功獲得人類的愛，這個魔咒就會解除。

有一天，女孩的父親跑到城堡採花，被王子抓了起來。女孩知道了這件事，為了營救父親，她自願成為人質進入城堡，交換父親的自由。一開始看到野獸的時候，女孩嚇得不敢靠近，但她了解野獸溫柔的本性之後，漸漸愛上了他。

女孩接納了野獸，她親吻他的時候，奇蹟發生了。她的愛化解了魔咒，轉瞬之間，野獸變回了原本的王子。這就是《美女與野獸》的故事。

諾伍德指出，「這部《美女與野獸》的故事信仰，同時也代表了猶太教、基督教的倫理觀念」。《美女與野獸》的故事表達「女人可以用深厚的愛改變男人」，這種「深厚的愛」的力量，也可以解釋為蘊含了犧牲奉獻、純粹的「上帝之愛」的倫理觀念。

然而，諾伍德進一步指出，這種詮釋方式反而掩蓋了《美女與野獸》故事的重點，以錯誤的「美女與野獸式」愛情奉獻，混淆了眾多女性的判斷。

《美女與野獸》故事的精髓在於，「女孩不知道野獸其實是王子」。因此，女孩並不是「知道付出愛情野獸就會變成王子，所以才愛上野獸」，而是愛著眼前的野獸本身，從來沒想過自己的愛會把野獸變成王子。

> 如此想來，《美女與野獸》當中的美女根本沒有必要改變野獸。她如實接納了他駭人的外表，讚美他溫柔的心，從未暗中算計如何將野獸變成王子。
>
> （前揭書）

女孩只是愛著野獸本身，結果剛好導致野獸變回王子而已，「愛得太多的女人」卻深陷「美女與野獸症候群」當中，以為「愛情可以把野獸變成王子」。

以我個人的方式解讀諾伍德所要傳達的訊息，可以說愛上不該愛的人的女性，等於是陷入了《美女與野獸》故事的魔咒[2]。

③ 愛得太多的男人

當然，愛錯人不是女性的專利，也有男性愛上不該愛的女人，卻無法放手。

義大利小說家阿爾貝托・莫拉維亞（Alberto Moravia）的作品《煩悶》（*La noia*），

描寫主角狄諾愛上了一位擔任繪畫模特兒的年輕女性。狄諾一向過著單調無趣的日子，有了關心的對象之後，他的生活一下子充滿蓬勃的朝氣。然而他的女友西西莉亞卻不專情於狄諾一人，竟是與其他男性同時發展親密關係的不忠女子。

妒火中燒的狄諾推測某位男性與西西莉亞關係匪淺，躲在那男人的宅邸，準備抓姦在床。

狄諾被妒火燒紅了眼，埋伏期間發狂似地想像男人與西西莉亞性交的體位和節奏，這時卻看見他一心以為人在家裡的男人從外面回來了。

---

2 作者註：諾伍德既是心理學家，同時也是諮商師，因此不可否認她的理論確實具有該學術領域的特徵。她指出「愛得太多的女性」擁有共通的兒時經驗，也就是從她們的成長歷程可看出共通之處。諾伍德認為，這些女性兒時在雙親的爭執中成長，如同人說「孩子是婚姻的紐帶」，她們也學會飾演「好孩子」的角色，藉以維持雙親的關係。根據諾伍德的說法，這種一方面犧牲自己、一方面藉此控制周遭人們的經驗，也影響了她們長大成人之後的異性關係。更甚者，犧牲自我、控制他人的經驗，會導致她們選擇能夠維持類似關係的戀愛對象。然而這種論調與循環理論無異，就像認為家暴環境中成長的孩子，日後也會施行家暴一樣。這類孩提時代的經驗，真的能概括適用到所有人身上嗎？對於這種以成長理論為基礎的循環理論，我個人抱持存疑的態度。即使真的陷入同樣循環，我認為背後仍然存在其他條件。

原來我的想像以無憑無據的跡象為地基，築起臆測的城堡，成了最司空見慣的那種因妒意而生的想像。

《煩悶》

狄諾愛上了「不該愛的女人」，西西莉亞像滾雪球似地越發占據他的心思，他一心一意痴痴想著她，再加上無謂的妄想煽動之下，狄諾愛得痛不欲生，不僅無法從煩悶感當中獲得解放，反而倍受折磨。

再看看日本文學，谷崎潤一郎的《痴人之愛》也同樣描寫了男性被不該愛的女人玩弄於股掌之間的情形。

認真工作的上班族讓治，在咖啡廳邂逅了十五歲的美少女服務生奈緒美。讓治個性正經，不曾與異性交往，於是想將奈緒美培養為自己理想的妻子。他領養了奈緒美，找來優秀的教師，打算讓奈緒美學習一流的禮儀。

然而隨著奈緒美日漸成長，她開始脫離讓治安排好的人生，仗著自己深受寵愛，建立起自由奔放的異性關係。

兩人下將棋、玩撲克牌的場景別具象徵意義：

假如認真起來，贏的人一定是我。不過我總是盡量讓著她，她也因此逐漸驕傲自滿了起來，舉凡論勝負的比賽，總是認定自己比我技高一籌。

「來啊，讓治先生，來玩一場吧，看我三兩下把你收拾乾淨。」

她開始擺出這種徹底瞧不起我的態度。

……

最駭人的是這件事造成的結果。一開始，我只是為了討奈緒美歡心才讓著她，至少我自己是這麼想的。但是，隨著這種輸贏漸漸成了習慣，奈緒美真的養成了堅定的自信，這下子不論我多認真與她對抗，事實上再也贏不過她了。

《痴人之愛》

就這樣，奈緒美吞噬了讓治，任性地為所欲為。讓治想與奈緒美斷絕關係，卻又放不下這段感情，為了不想失去奈緒美，他逐漸淪為愛欲的奴隸。

④ 何謂戀愛

愛上了錯誤的人，對方的一舉手一投足都足以激起令人窒息的狂熱情感；不過一旦感情淡了，便有如大夢初醒一般，高漲的情緒也煙消雲散。

那份感情的真實感到哪兒去了？

竹田青嗣指出，由於戀愛中的熱情經常超脫理智常軌，對於從旁觀察的人而言，等於是另一個世界，因此他將戀愛畫定為「籬笆的另一側」。

當事者以外的普羅大眾，雖然瞧不起沉浸於戀愛當中的人，另一方面卻又深受「浪漫的世界」吸引，因此將流行歌曲、電視劇、電影等戀愛故事當作生活中的精神食糧，這是竹田青嗣的看法。

彷彿證實了這個說法一般，經歷過不倫戀的瀨戶內寂聽，在演講中逗笑聽眾之餘這麼說：

> 最近翻開週刊雜誌，每一本都寫滿了不倫戀的八卦緋聞。這種事情哪個年代都有，不足為奇。不過這種故事還是很有趣，所以我翻開雜誌也會先看看誰又偷

腥出軌，人類很蠢吧。

（摘錄自瀨戶內寂聽演講：NHK『あさイチ』，二〇一八年二月九日）

那麼，為什麼我們會想窺探「籬笆另一側」的樣貌，想到「籬笆的另一側」去呢？

黑格爾（G. W. F. Hegel）指出，人類的欲望不同於動物，我們擁有「對他人的欲望」。人類無法獨自存活，我們各自與形形色色的他人建立連結，活在社會的網絡之中。

因此黑格爾認為，「自我意識僅在受到承認時才得以存在」，也就是說，唯有被他人承認，我們才能實際感受到「自己確實活著」。

「我」如何受到他人承認，這正是個人最攸關存亡的大事，是支持自我認同的關鍵。而戀人在茫茫人海中僅接納「我」一個人，正是世上唯一一位承認「我」不可或缺的存在。

竹田青嗣認為，談戀愛反映了存在主義，使人發自內心感受到「我活著」，因而提出以下說法：

挑起「我」欲望的對象出現時，世界便成了固有的世界，這時「我」也活在自己固有的世界當中。

《戀愛論》

如上所述，戀人給了我活著的實感，戀人一旦離我遠去，等於是一併奪走我活著的感受。這是危及自我認同的大事，因此不論如何我們都想挽留戀人。

換言之，戀愛是以自我為中心承認他人的「承認遊戲」，可以說是在彼此爭奪戀愛的主體性。也許我們是迷上了這場激烈衝突產生的絢麗火花也不一定。

此外，既然戀愛是「承認他人」的遊戲，我們就逃不過無法如願以償被對方承認的焦急與痛苦。

畢竟人類是任性的生物，即使現在覺得對方是唯一的存在、只想獲得對方肯定，一旦感情冷卻或邂逅了其他對象，也會轉眼間棄之不顧。另外，即使對方以戀人的身分請求承認，但是無法加以回應的時候就是沒有辦法。

總而言之，這也就代表戀愛當中包含了「彼此傷害」的部分，我們對此必須有所自覺，做好心理準備。引述黑格爾的說法，戀愛可說是一場「生死鬥爭」。

⑤ 追求獨立自主的戀愛關係

最後，我想提出一些建言，幫助讀者脫離「剪不斷的情」，建立「獨立自主的戀愛關係」。換句話說，這也是我對於建立「獨立自主的生活世界」的建議。

學生時代，我翻開埃里希・佛洛姆（Erich Fromm）的《愛的藝術》（*The Art of Loving*），猶記得開頭這句「愛是一門技藝嗎？」深深吸引我的目光，我迫不及待一行行讀下去：

> 愛是一門技藝嗎？假如愛是一門技藝，我們便需要知識與努力才能愛人。又或者愛只是一種飄飄然的感覺，能否體驗到愛全憑機緣，只要夠幸運，我們一定會「陷入」其中？本書持前者的見解，認為愛是一門技藝。
>
> 《愛的藝術》

佛洛姆提到「愛是一門技藝」，又指出它「需要知識與努力」，當時輕浮的我還期待這本書接下來要傳授世俗的愛情技巧，不過佛洛姆想表達的可不是這個意思。

圖二　個人保有的三個世界

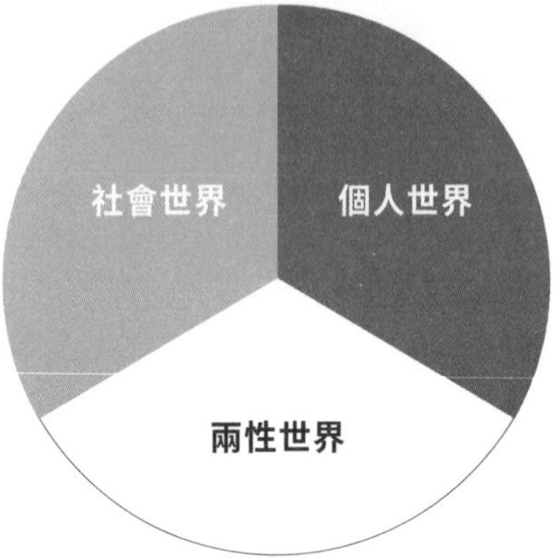

「愛」的能力，乃是以強烈、覺醒、高揚的生命狀態為前提，而唯有在生命當中其他眾多領域採取具生產力、積極的態度，才有辦法達到這種狀態。在其他領域缺乏生產力的人，在愛的領域也一樣貧瘠。

（前揭書）

佛洛姆的說法相當抽象，當時我也完全無法掌握具體的印象。在此我們以目前為止的討論為基礎，再發揮社會學上的想像力，以具體方式呈現佛洛姆闡述的「具生產力的生活」。

生活在社會當中的我們，大致上需要擁有三個世界（圖二）。

第一個世界是由家人、朋友、社團活動等組織當中建立起來的關係，也就是由三人以上構成的世界，我們稱之為「社會世界」。

接下來是與男友、女友等戀愛關係構成的兩人世界，我們稱之為「兩性世界」。除了上述兩個世界之外，我們還需要保有自己一人獨處的時間，這個世界則稱為「個人世界」。

寫下前述那段文章的女學生，也許正面臨這種狀況：

她有幾個好朋友，但是並未特別加入哪一個社團。待在家裡的時候，除了完成學校的報告之外，她也會聽音樂、看電視打發時間。假設現在這女孩交了男朋友，她真的好高興，高興得不得了。

寒冷的冬天，她坐在自家書桌前，心中浮現的都是他的身影。房裡開著暖氣，水滴將窗玻璃蒙上一層霧氣，她輕輕伸出指尖，在玻璃上寫下自己和他的名字，畫上一把情人傘，突然又覺得好害羞，匆匆伸手抹去字跡。

泡澡的時候也一邊想著他，一邊哼著情歌；鑽進被窩，一面祈禱他出現在夢裡，一面喃喃說聲「晚安」。沒錯，她總是想著他。

所以，即使朋友邀約：「這週末一起出去玩吧！」女孩雖然還沒有安排跟他約會，也會拒絕朋友的邀請，為了他事先把週末空下來。假如他主動邀她出門約會，她卻無法赴約，那不是太難過了嗎？

她站在鏡前，從衣櫃裡一件一件挖出衣服，苦思哪一件配藏青色的短裙才好看，在房裡上演自己的單人時裝秀。下一次約會的情景填滿了她的腦海。

然而這時候，他卻突然向她提分手。對女孩來說，男友不僅占有「兩性世界」，她獨處時的「個人世界」也充滿了關於男友的一切，因此一旦面臨分手，她除了失去「兩性世界」之外，也一併失去了「個人世界」。

不，還不只這樣而已。她沒有加入社團，也為了男友拒絕友人邀約，可以說她的「社會世界」也被「兩性世界」占據了。綜上所述，女孩一旦失去了他，等於一口氣失去了三個世界。

換言之，她的生活裡只有他的存在，對她而言，失去了「兩性世界」等於同時失去了另外兩個世界。因此她的悲嘆特別沉痛，也格外眷戀這段感情，形成了「剪不斷的情」。

對她來說，與其說是失去戀人本身帶來痛苦，倒不如說是因為失去了原先占滿三個世界的空間（時間），才形成了「剪不斷的情」。

反過來說，讓我們試著假想一個非常獨立自主的個體吧。

這男孩加入音樂社團，擔任首席吉他手。社團每週會安排三天團體練習，他也參與活動表演，社團生活十分充實。不僅如此，男孩交遊廣闊，常與朋友相約購物、聚會小酌，每一天都過得充滿樂趣。

回到家，他會窩在房間聽吉他演奏，甚至閱讀專業書籍努力練習，增進自己彈吉他的技巧。現在，假設這男孩交到了女朋友。他擁有社群團體的「社會世界」、必須獨自經營的「個人世界」，現在又擁有了與女友約會、講電話的「兩性世界」。

假設現在，他的女友突然宣告終止這段男女關係，男孩失戀了，他重要的「兩性世界」成了一片空白。不過，和前一個例子的女孩不同，男孩剩下的另外兩個世界完全不受影響，仍然在現實生活當中存續。換言之，三個世界當中，他只失去一個「兩性世界」而已。

既然如此，即使目前「兩性世界」是一片空白，遲早也會有機會將它填滿；假如男孩認為「兩性世界」沒有必要，只要另外兩個世界過得充實，一樣可以建立起穩固的生活。

當然，如果把音樂人換成足球選手、把男孩換成女孩，這個獨立自主的案例也同樣適用。

再回頭看看前文提過的那篇文章。

朋友勸那位女同學「擺出滿不在乎的態度」，她本人也打算「投入不相關的事情，每週排滿六天打工」，也許當事人沒有意識到這麼做的意義，不過她選擇的方向和「三個世界」的道理是共通的。

也就是說，朋友的建議和本人的對策，都一致指向建立「個人世界」與「社會世界」的方向。積極在「兩性世界」以外構築其他世界的態度，才能擺脫放不下這段感情、一味追逐那人的自己，成為獨立自主的人，為自己開拓新生活。

▶▶ **深入探討**

1 請針對顧里（C.H. Cooley）的「鏡像中的自我」，以及黑格爾的「承認他人」進行比較探討。

2 請以「三個世界」的架構，檢視、反思自己的生活。

第四章

想法創造現實——育兒戰略

即使聽到同樣一句話、同樣的訊息，我們也會以自己持有的語彙解讀，並以自己的語彙向外傳播。就算接收相同的情報，每個人的階級差異也會從語彙量（語言資本）的多寡反映出來，語彙量的差異因此塑造出不同的現實。

櫻井信一的小說《下剋上考試》（下剋上受験）成為暢銷書，相信不少讀者也有所耳聞。後來這部小說拍成電視連續劇，二〇一七年一月開始於日本TBS電視台播出。

本作主角是一位初中學歷的爸爸。爸爸在工作中有了切身體會，認為低學歷導致自己被迫過著社會地位低下的生活。女兒佳織出生於父母都是初中畢業的家庭，爸爸無論如何都希望她念到高學歷，斷絕這種負面循環，於是爸爸自己也發憤苦讀，和偏差值[3]四十一的女兒兩人三腳，合力挑戰偏差值七十以上的明星學校，是一部描寫父女奮鬥記的真人實事作品。

一月二十七日播出的那一集，有一幕是佳織的爺爺正在看電視上的新聞節目，發現他常常光顧的影片出租店老闆遭到「誤認逮捕」（go-nin-tai-ho，因誤會遭警方逮捕），爺爺看了告訴佳織的媽媽香夏子：

爺爺：「他好像五人逮捕了。（日文音同「誤認」）」

媽媽：「是哦。」

爺爺：「也有可能是六人哦。」

爺爺不只造成語言理解上的落差，他聽說家人為了騰出一個房間K書，「把東西都收好了」，爺爺這麼回應：

爺爺：「沒錯，人家說這就叫『銀舍利』是吧。」

爸爸：「斷捨離啦。」

我們即使聽到同樣一句話、同樣的訊息，也會以自己持有的語彙解讀，並以自己的語彙向外傳播，這一幕以搞笑逗趣的方式呈現了現實的這一面。

換言之，這件事告訴我們：即使接收到相同的情報，每個人的學歷差異也會從語彙量（語言資本）的多寡反映出來，語彙量的差異因此塑造出不同的現實。

本章會先聚焦於《下剋上考試》當中的語言資本，針對教育問題進行思考。

3　編註：偏差值是日本高中用於衡量學生成績排名的指標。透過學生的測驗成績，與該次測驗的所有學生平均成績等數據，核算出的間距數值，藉此得知自己位於群體中的排名位置。一般使用的偏差值以五十為平均值，最高七十五，最低二十五，數值越高較可能進入成績排名越前面的大學。

① 語彙量因家庭而異？

《下剋上考試》裡櫻井家的對話，喚醒了我難以一笑置之的丟臉回憶。

國中時，我把日文「具体的（gu-tai-teki）」的第一個音念成「bu」，被朋友糾正了。「具」不管怎麼想都只能念成「gu」，我卻念成了「bu」。

經過朋友指正，我這才注意到父母的濁音發音不準確，例如父親把貸款「ローン（lo-o-n）」念成「do-o-n」，母親看棒球的時候會把出局「アウト（a-u-to）」念成「a-bu-to」。我很可能是跟著家人的發音學習說話的。

還有我讀研究所時發生的小插曲。當時還沒有手機，我把發表會的大綱忘在家裡的書桌上，想起這件事的時候已經搭上電車，沒有時間回頭拿了。我想請家人用傳真機，幫我把大綱傳到學校，於是利用車站內商店旁的公共電話，打了通電話回家。

話雖如此，當時我家也沒有傳真機這麼方便的機器，我打算請家人跟對面的纖維公司借傳真機，把我的大綱傳真過來。

我：「拜託幫我用傳真（ファックス，fa-kku-su）送過來。」

媽媽：「啊？タックス（ta-kku-su）？」
我：「不是啦（那是稅金啦），我說傳真！」
媽媽：「啊？ダックス（da-kku-su）？」
我：「不是啦（那是臘腸犬啦），我是說傳真！」

「聽不清楚，搞不懂你在說什麼。」媽媽把聽筒轉給爸爸，不過爸爸也只是跟我重複了一次上述對話而已。

我扯開嗓子努力解釋，不只商店的店員，連路過的民眾聽了都笑了出來。

當然，對我爸媽來說，傳真機是見也沒見過的陌生機器，這也是他們第一次聽見「傳真」這個詞。即使我爸媽了解電話的原理，知道聲音可以透過電線傳到遙遠的另一頭，也無法理解一張紙該怎麼穿過電線飛到學校去。因此爸媽不可能理解我想拜託他們做的事情，也無法正確掌握我說的話。

皮耶・布赫迪厄（Pierre Bourdieu）指出，我們是透過母親（雙親）學習用字遣詞、行為舉止等文化資本，因此最熟悉的語言才稱為「母語」。既然如此，出生在什麼樣的家庭便會大幅左右我的語言能力。我習得了布赫迪厄的知識，對此備感認同，把自身語言能力的匱乏歸咎於出身家庭上頭。

不過前幾天，我邊看報紙，邊告訴太太：「報上說再這樣下去國家會破產（ha-jyo-u）。」太太偏著頭，看了看我手上的報紙說：「那個字（破綻，日文讀音はたん）不是念成ha-tan-n嗎？」

我回想起大學時代，有一次我告訴朋友：「昨天喝太多酒，爛醉如泥（do-ro-yo-i）。」朋友立刻糾正我：「那個字（泥酔）念de-i-su-i！」

太太這次指正，揭露了我的語言能力之所以如此貧乏，並不只是由於出身家庭的文化資本使然，我自己怠於精進語文能力也必須負起一部分的責任。

② 電影《窈窕淑女》

《窈窕淑女》（*My Fair Lady*）是一九六四年美國製作的歌舞電影。

讀國中的時候，堂姊帶我去看了這部電影。奧黛麗・赫本（Audrey Hepburn）在片中飾演賣花女伊萊莎，扯開嗓門操著英國草根階級的考克尼腔（Cockney accent）說話。還記得她搖身一變，以大家閨秀身分在社交場合亮相的時候，那光采奪目的美貌深深吸引了我的目光。

讓我們回顧一下這部電影的故事吧。

由雷克斯・哈里遜（Rex Harrison）飾演的語言學家希金斯教授，邂逅了說著庶民腔調英語、粗野低俗的少女伊萊莎。希金斯對他身邊的朋友，也就是印度方言研究者皮克林上校發下豪語：

> 這女孩說這種英語，一輩子註定活在貧民窟。但如果由我來指導，只要半年時間，就能讓她以公爵夫人的身分出席大使館的舞會。
>
> 《窈窕淑女》

隔天，想成為淑女的伊萊莎主動跑到希金斯宅邸，希望希金斯教她說上流階級的英語。希金斯教授心想，不妨利用這個好機會測試自己的英語學習法，於是與皮克林上校打賭，接受了她的要求。打賭的內容是「把這髒兮兮的村姑變成淑女」，希金斯要在半年內，將粗俗的賣花女塑造成公爵夫人。

從這天開始，密集特訓如火如荼展開。能否消除伊萊莎的口音，訓練出標準、優雅的發音，將是一切成敗的關鍵。訓練過程中，特別令觀眾印象深刻的一段是「西班牙的雨大多落在平原上」（The rain in Spain stays mainly in the plain.）的發音練習。

伊萊莎念這句話的時候，會把所有[eɪ]的音發成[aɪ]的音。對於從小就把[eɪ]讀作[aɪ]的人而言，即使以為自己成功念出了[eɪ]的音，實際上發出來的音卻是[aɪ]。為了修正伊萊莎自幼習慣的發音，希金斯持續執行折磨人的嚴苛特訓。

過了幾個月，伊萊莎打扮成美麗高貴的名媛進入社交界，首先來到了雅士谷賽馬場。伊萊莎小心謹慎地運用剛學會不久的優雅發音，一舉一動再三斟酌，生怕出錯。不過等到賽馬開始，馬匹跑過最後一個彎道，即將跑向終點的時候，伊萊莎看得太過入迷，竟然在興奮之際朝著自己看上的馬兒「多弗」大喊：

「上啊，多弗！動起你的大屁股來！」

上流階級的人們從她眼中消失，不小心露出了粗俗的本性。希金斯大感頭疼，幸好周圍的觀眾只當這是伊萊莎的可愛之處，總算勉強度過這次危機。

經過更進一步訓練，伊萊莎終於在希金斯與皮克林的帶領之下，踏進大使館正式的舞會會場。名媛貴婦在此齊聚一堂，伊萊莎出類拔萃的美貌卻毫不遜色，吸引了眾人目光。

然而在舞會上，某位匈牙利人不斷打探伊萊莎的出身背景。希金斯明知如此，仍然刻意將伊萊莎送去與那位匈牙利人跳舞，想必對於自己一手打造的「作品」，也就是身為淑女的伊萊莎有十足的自信。

回到家，希金斯洋洋得意地向眾人炫耀那位匈牙利人跳過舞之後，是如何向舞會上的其他賓客描述伊萊莎：

> 那一口完美的英語證明了她是外國人，英國人不可能說出這種英語，想必是在專門的語言專家指導下學會的。但是她的出身可騙不過我的眼睛，她一定是匈牙利人，而且擁有高貴血統，是個公主。她的血統比多瑙河更清澈純粹，臉上散發著王族的氣質，即使自以為能瞞過眾人的目光，可騙不過我們這些同胞。我敢以語言學家的身分斷言，她是匈牙利公主。
>
> 《窈窕淑女》

贏了這場賭局的希金斯開始吹噓自己的教育能力，說伊萊莎是他「一手從骯髒村姑調教成淑女的作品」。伊萊莎偷聽到希金斯與皮克林這段對話，發現自己在他們眼中只不過是個實驗品，於是憤而出走。

從伊萊莎的觀點看來，她雖然化身為氣質淑女，卻發現自己不論過了多久，在希金斯眼中仍然只是從前那個粗俗的賣花女。伊萊莎離開後，希金斯聽著錄音機中伊萊莎帶著腔調的口音，意識到自己心中對她日漸深厚的愛。錄音機的聲音停止時，伊萊莎就站在他眼前。

看見伊萊莎的身影，希金斯開口：「伊萊莎，我的拖鞋在哪裡？」電影便以這句話閉幕，這最後一幕，暗示了兩人的愛情終於修成正果。

③ 畢馬龍效應

電影《窈窕淑女》的原作，是蕭伯納（George Bernard Shaw）於一九一三年創作的戲劇《賣花女》（*Pygmalion*）。一九五六年，這部作品以音樂劇的形式上演，大受歡迎，因而改拍為電影。

《賣花女》的原文標題「Pygmalion」(畢馬龍),指的是希臘神話中登場的賽普勒斯國王。畢馬龍對現實中的女性備感失望,於是開始雕刻自己心目中理想的女性雕像,後來愛上了這尊雕像。墜入愛河的畢馬龍把雕像當作活人一般對待,對它傾注熱烈的愛慕之情,片刻也不離開它身邊。他純粹、強烈的愛感動了女神阿芙蘿黛蒂,女神同情他的遭遇,應驗了畢馬龍的心願,給了這尊雕像生命。雕像變成了有血有肉的女性,畢馬龍歡欣鼓舞將她迎進家門。

如上所述,畢馬龍透過自身強烈的心意,將自己的願望化為現實。

希金斯為了將渾身髒兮兮的粗俗女孩伊萊莎訓練為淑女,投入所有心力訓練她的發音,教導她淑女的禮儀舉止,這就相當於賽普勒斯國王畢馬龍塑造理想女性的行為。差別在於,希臘神話當中是國王愛上雕像、形影不離,引發了女神的同情,於是為雕像注入血肉;希金斯則是在無意識中,愛上了他的作品伊萊莎。結果伊萊莎成為真正的淑女,劇情也暗示希金斯最後將會擁有她。

換言之,原石經過打磨也會成為閃閃發亮的寶石,蕭伯納將這則神話故事代換為近代的畢馬龍,寫成了這齣戲。

④《教室中的畢馬龍》

蕭伯納以畢馬龍的神話故事為基礎，創作了戲劇《賣花女》，不過這位「畢馬龍」與理解社會現象的概念及理論也有所關聯。

這個跟畢馬龍有關的理論，就是一九六八年，桑莎（R. Rosenthal）與傑柯布遜（L. Jacobson）根據實驗結果寫成的報告書籍《教室中的畢馬龍》（*Pygmalion in the Classroom*）。

他們取得教師協助，在舊金山郊外一間公立小學實施了預測學童成績成長潛力的測驗，測驗名稱為「哈佛式學業成長預測測驗」。實施測驗之後，他們將結果排名前百分之二十的學童名單告訴老師，並宣告「這些孩子的學業表現在往後幾個月一定有所成長」。

到了學年尾聲，他們對同一批學童實施智力測驗，結果發現桑莎和傑柯布遜選中的小朋友果然一如預期，能力成長幅度比其他學童更加顯著。假如只看這件事情的表面，「哈佛式學業成長預測測驗」的準確度還真是令人拍案叫絕。

然而事實上，桑莎等人實施的「哈佛式學業成長預測測驗」並不是什麼特殊測驗，其實他們只是讓學童做了普通的「佛氏一般能力測驗」（Flanagan's test of General Ability）而已。此外，他們挑選的「排名前百分之二十」的學生，其實也沒有參照測驗結果，而是以亂數表隨機挑選出來的名單。

既然預測測驗只是敷衍了事，具有成長潛力的學童又是隨機挑選，為什麼桑莎等人挑選的小朋友，最後真的展現了一如預測的學業成長？

這群學童既然是隨機選出，他們的學習能力不可能與其他孩子有所區別。再加上他們與其他受試學童接受相同教育，因此兩者進步幅度的差異，也不可能是教育環境所造成。桑莎與傑柯布遜由此推導出一個理論。

是不是因為老師相信了「這些孩子會進步」的「預言」，深信被選中的孩子「有天分」，在課堂中不斷期待他們的成長，對待他們的態度也有所轉變？換言之，也許是老師下意識給予特別待遇，所以才造成了這樣的結果。

桑莎與傑柯布遜認為「教師的期待能夠造就學童成長」，將這種由於期望而帶來的效果稱為「畢馬龍效應」（Pygmalion effect）。

之所以造成這樣的實驗結果，當然是因為這項測驗既冠上了「哈佛大學」的權威，又是學者進行的實驗，因此給予教師科學上的根據，大幅影響了老師對待學童的方式。換言之，人類的意識以及當事人之間的交互作用塑造了現實。

桑莎與傑柯布遜舉出四項「要因」作為這個說法的依據。

首先是受到期待進步的學生與教師之間良好互動的關係，也就是「氣氛要因」。例如「〇〇同學，這樣了解了嗎？」，或是沒有同學舉手的時候，主動點名「〇〇同學認為呢？」皆屬於氣氛要因。第二是「回饋要因」，例如老師針對成績結果，給予學生意見回饋：「〇〇同學，你這次考得很好哦！」，或是「這次怎麼了，是不是準備不夠充分？」第三是「輸入要因」，例如老師對於期望較高的學生，也會給予較多教材：「以你的程度，要不要讀讀看這本參考書？」第四則是「輸出要因」，對於期望較高的學生，老師會給予較多回答問題的機會。

因此，回頭看看《下剋上考試》的例子，可見爸爸對女兒佳織的期待，塑造出了佳織考上好學校的現實。包括《窈窕淑女》的故事也一樣，指導者與學習者之間的關係，會影響後續的學習成效。這一點不只為父母與學校、補習班等教育相關從業人員帶來啟示，同時亦可說是指出了教育方法的問題癥結。

下一章，我想以《下剋上考試》裡作為社會爬升戰略的升學考試問題，針對學校與教育進行思考。

▶▶深入探討

1 你是否曾經感受過語言能力的差距呢？請對照雙方的社會地位，試著探討這個經驗。

2 桑莎與傑柯布遜的研究，可以說是「研究引發了現實」，是這項研究把結果帶到了教育現場。你認為這種研究方法存在什麼樣的問題？想想看，假如要進行這類研究，有哪些研究倫理必須納入考量？

第五章

考試惡夢——何謂文化資本

我們透過出身背景與成長過程，學會「什麼是好事、什麼是壞事」；「哪些事情符合理想、哪些事情不理想」；「什麼好吃、什麼不好吃」；「用什麼語氣說話才好、什麼語氣不好」；「在什麼場合應該採取什麼態度」等等，一個個把這些觀念內化。布赫迪厄將這些雋刻於內在的傾向命名為「慣習」。

各位讀者是否也曾反覆受到相同內容的噩夢折磨呢？以我的例子來說，那就是大學升學考試的夢。

到了年底，升學考的準備也進入最後衝刺階段。都到了這個時期，我的日本史卻連碰都沒碰；還不只這樣，即使我努力了解桌上攤開的英語參考書是什麼意思，它卻怎麼看都只是一串字母毫無意義的排列。「啊……我今年也要落榜了嗎？」正傷腦筋的時候，另一個我會跳出來說：

「你不是已經考上大學，而且還畢業了嗎？為什麼還要升學考？」

聽見這個聲音，我便會從夢中清醒過來，回過神，鬆一口氣。

「大學升學考試的夢，究竟想向現在的我表達什麼意思？」我雖然心裡納悶，這段時間卻也不曾深入思考這個問題。不過前陣子，我碰巧翻開佛洛伊德（Sigmund Freud）的《夢的解析》（*The Interpretation of Dreams*），看見以下這一段：

凡是經過畢業考試，結束文理高中（Gymnasium）課程的人，都會反覆夢見關於考試、令人不安的噩夢，比方說考試落榜、必須留級的夢。擁有博士學位的人，夢境則會稍微改變形式，也許會夢見自己沒有通過論文口試。做了這些夢，我們會在沉睡中提出抗議：不對，我好幾年前就已經開業了；不對，我現在不是已經當上大學的無給講師了嗎；我現在不是在政府機關當課長了嗎，諸如此類。

《夢的解析》

雖然我夢見的是升學考，而佛洛伊德舉的例子是畢業考，不過除了這點之外，這與我的夢境不是幾乎一模一樣嗎！於是我迫不及待地繼續閱讀後文的夢境分析。

佛洛伊德指出，「考試恐懼」的根本乃是源於幼兒時期的不安與恐懼。

從幼兒時期到上學的年紀，我們做了任何不對的事情，便會遭到父母與老師責備。但是到了畢業、出社會之後，處罰我們的再也不是雙親和學校老師了，自己犯的錯、遭遇的苦難，都必須靠自己去面對。

這時候，一旦面對沉重的課題或難以解決的問題，我們便會感受到沉重的責任壓力，在心裡揣測：萬一不幸失敗了，自己肯定會遭受嚴厲懲罰。佛洛伊德說明，這種不安、恐懼的情緒，便會化為從前經歷過最大的試煉，也就是伴隨懲罰的高中畢業考、大學畢業口試，出現在夢境當中。

話雖如此，從我大學畢業到現在已經過了快四十年，受考試折磨的情形仍然在夢境中出現，可見這是相當重大的試煉吧。

從一個人出生開始，我們會完成成年、結婚、死亡等各個階段應該滿足的條件與職責，往人生的下一個階段邁進。這些在成長過程的轉捩點舉行的儀式，范金納普（Arnold van Gennep）稱之為「通過儀式」（rites of passage, initiation）。元服、改名等近代以前的日本傳統通過儀式，在現代已然消失無蹤。「考試」伴隨了肉體、精神上的折磨，也許對於現代人而言，這正可說是殘酷的「通過儀式」也不一定。

本章將延續上一章，以教育為主題，採取批判的態度[4]，反思與社會地位提升密不可分的升學考試與學校文化。

① 階級爬升的挫折 追求地位的陷阱

描寫年輕人追求社會地位提升、面臨挫折的小說當中，其中一部作品是石川達三的《青春的蹉跌》（青春の蹉跌）。[5]主角江藤賢一郎與母親相依為命，他在伯父的經濟援助之下，進入大學法學院求學。江藤夢想在司法界功成名就，是個現實主義、講求理性的人物。因此，當他看見同樣就讀於法學院的優秀友人醉心於馬克思主義，致力於學生運動，江藤只是冷眼以對，暗自竊喜競爭對手又少了一個。

伯父考慮等到江藤通過司法考試之後，就將女兒康子嫁給他。康子在富裕的家庭環境成長，服裝品味高尚，約定見面的地點也指定在高級旅館大廳，對於賢一郎來說，康子的存在帶領他走進心嚮神往的上流階級世界。

不過，江藤身邊還有位名叫大橋登美子的女性。登美子是他打工擔任家庭教師時認識的學生，她家裡經營小工廠，念短期大學，頭腦也算不上多好。登美子只是江藤用以滿足欲望的存在，他從來不曾向登美子吐露一句愛的絮語。出於性欲上的盤算，江藤與登美子結伴出遊滑雪，一同在外過夜。

江藤通過了司法考試，他與康子的婚事成為現實，沉醉於成為上流社會一員的喜

4 作者註：批判思考（critical thinking）並非單純以否定角度思考，而是透過邏輯思考，正確掌握事物的本質。

5 作者註：一九六八年四月十三日至九月三日連載於《每日新聞》。

悅當中。然而，就在這巔峰時期，登美子捎來懷孕的消息，逼迫江藤與她結婚。

此舉將江藤逼上絕路。既然登美子的存在會奪去他的未來，他認為僅有殺人滅口一途，於是終於將登美子約到箱根，下手殺害。江藤本想利用法律出人頭地，這下子反而淪為受法律制裁的一方。

江藤遭到逮捕後，從刑警口中聽說「登美子胎兒的血型是AB型」。一聽之下他不禁愕然，因為江藤的血型為O型，登美子則是A型，兩人不可能生下AB型的孩子。登美子腹中的孩子並不是賢一郎的骨肉。

> 江藤雙手撐在地上，低垂著頭，他已經沒有力量支撐自己。他親手描繪的人生藍圖，他至今為此累積的所有努力，他的野心、自負、希望悉數崩毀，灰飛煙滅，只剩下屈辱黑暗的未來。
>
> 《青春的蹉跌》

石川達三這部作品以一九六六年佐賀縣發生的「天山事件」為藍本，刻畫出不同社會地位當中，各個人物的欲望與心計。

登美子之所以逼婚，是為了將胎兒歸咎於江藤的責任與他共組家庭，追求更理想的人生條件，結果卻招來死劫。不過，這項戰略乃是源自她的社會地位，可以從中窺見她不擇手段求生的算計心理。

那麼，知道她的策略後大感錯愕的江藤又如何呢？他通過了司法考試，上流階級的女性也即將到手，社會地位提升的日子近在眼前。但是他分明不愛登美子，卻與她發生關係，因此斷送了光輝燦爛的未來。

《青春的蹉跌》告訴我們，人總是一面與社會磋商、確認自己的地位，一面描畫未來的藍圖，這就是人們在社會當中追求地位提升，一點一滴度過人生的模樣。然而它同時也暗示了地雷的可怕，即使極力避開人生路上潛藏的地雷，我們仍然有可能踩到它。

看完震撼人心的最後一幕，難免陷入感傷當中，忘了以批判角度反思學校教育。不過先讓我們以皮耶・布赫迪厄的理論為依據，冷靜想想江藤追求社會地位提升的問題。

布赫迪厄斷言，假如將學校視為市場，「成績就相當於價格」。換言之，未來的發展機會乃是由學歷決定，而發展機會又反映在薪資收入上。江藤之所以參加司法考試，也是因為他算準了證照的價格比學歷更好。

《青春的蹉跌》聚焦於學歷、證照等提升社會地位的手段，可說是描繪了成人過程當中伴隨痛楚、最為重大的通過儀式。

不過，即使江藤沒有遭遇挫折，成功提升了社會地位，難道就能保證他在上層社會當中不會面臨生活世界的差異，從此擁有玫瑰色的美好前程嗎？

② 校車上的對話

這是距今十年左右的故事。

當時我在一所大學擔任講師，車站與校區之間設有接駁校車。當然，除了學生以外，教職員也會搭乘這班校車。有時候同學之間聊得太過熱絡，忘了車上老師的存在，我們就會聽到批評學校、老師的聲音；反過來說，教職員之間也會出現不方便被學生聽到的對話，某種意義上是個耐人尋味又危險的空間。

當時是五月上旬，坐在我前面的女學生向剛剛上車、四十歲後半的老師打了聲招呼。

學生：「老師早。」

老師：「哦，早安。（說完在女學生旁邊坐下）」

學生：「老師上週是不是停課？」
老師：「對啊，不好意思，剛好英國有大學邀我去演講，所以上週去了倫敦一趟。」
學生：「原來是這樣，老師的倫敦之旅如何？」
老師：「哎呀，那邊真的好冷，太太這次也一起同行，結果我只好買了件皮大衣給她，破財啊（笑聲）。然後啊，因為這次自由時間還算充裕，所以我還跟太太去看了音樂劇。」
學生：「哦，這樣啊，老師很常看音樂劇嗎？」
老師：「這次在倫敦幾乎每個晚上都看。我朋友在德國念大學的時候，還說他幾乎天天泡在歌劇院呢。」
學生：「原來是這樣，真了不起。話說回來，老師為什麼選擇教會計學呢？」
老師：「這個嘛，我也說不上為什麼，不過我爸爸是會計師，從小書架上就擺滿了經濟學相關的書，可能是因為這個緣故吧，自然而然就走上這條路了。對了，（從包包裡拿出照片）這是我在大學指導的研究生……」

從談話內容可以聽出這位老師也是同一所大學聘任的講師。我坐在後面，聽了這生活水準的差異之大，忍不住在心裡吐槽。

英國的大學邀他去演講？

……從來沒有國外大學邀我演講，連海外研修都沒去過。

跟太太一起到海外演講？買皮大衣送太太？

……出手還真闊綽，他一定很有錢。

每天晚上聽英國正宗的音樂劇？朋友在德國天天上歌劇院？

……我從來沒接觸過那種高級文化，頂多只看過兩次四季劇團的表演而已。

自家書架上擺滿經濟學相關書籍？

……我家老爸讀的是週刊雜誌，而且家裡連書架都沒有。

自然而然追隨父親的腳步？

……小時候老媽總是告訴我：「長大不要變得像你爸那樣。」

根據布赫迪厄的說法，人是在出生的家庭環境中逐漸社會化，在這個社會化的過程中，逐漸學習「事物看法、分辨方式等諸多原理」。

我們透過出身背景與成長過程，學會「什麼是好事、什麼是壞事」；「哪些事情符合理想、哪些事情不理想」；「什麼好吃、什麼不好吃」；「用什麼語氣說話才好、什麼語氣不好」；「在什麼場合應該採取什麼態度」等等，一個個把這些觀念內化。布赫迪厄將這些雋刻於內在當中的傾向命名為「慣習」(habitus)。

我們以布赫迪厄的理論為依據，試著分析一下校車上遇到的這位講師。

他無心炫耀，單純只是將自己的嗜好與生活說給女學生聽而已。他的嗜好、傾向，是由雙親的社會地位，也就是社會條件較優渥的階級而形成，而這些內化的慣習又在社會場域中自然表露出來。

我聽了他的談話，受到他的嗜好與成長歷程的卓越水準刺激，深刻感受到雙方慣習的差距。換句話說，他針對大學這個世界的發言，映照出了我自慚形穢的慣習。

校車上的那位講師繼承了雙親的文化資本，又進一步累積成就，在大學世界裡擁有穩固的地位。相較之下，我只是初來乍到的新人，即使在這個世界當中表達抗議，眼前仍然存在無法打破的壁壘。

從這個例子不難想見，即使江藤順利進入司法界，他身為加入這個世界的新成員，恐怕也會感受到這道無形的障壁。

對於提升社會階級而言，學校教育雖然發揮了顯著效用，不過布赫迪厄也曾以批判的角度，討論學校教育是否真的具有公平、正當性，讓我們聚焦於他的論點思考看看吧。

③ 學校教育潛藏的暴力

首先，讓我們概略談一下布赫迪厄對於學校教育的思考方式。

布赫迪厄的思想根本在於，「為什麼占多數的被統治者，會受到少數的統治者支配？」換句話說，被統治的民眾明明占多數，「為什麼他們不反抗少數的統治者，反而主動服從？」這是布赫迪厄論述當中最主要的課題。

布赫迪厄在此著眼於學校教育。

學生來到名為學校的市場，從老師身上學習如何運用語彙才能受到誇獎、獲得好成績。換言之，教師負責執行語言能力的審查，對於孩子而言，老師正是話語的審判官。

不只是語言資本，學校教導的文化，也是上層階級統治者所喜愛的音樂、美術。簡而言之，身處中間階層的老師嚮往上層階級的文化，因而將這些上層階級喜愛的文化，當作正統文化傳授給學生。

既然如此，對於事先內化了上流社會慣習的學生而言，學校教育的內容便顯得平易近人，簡單易懂。反過來說，學校會糾正下層階級的學生，指出他們習慣的語彙、言行舉止並非正統。即使如此，成績差勁仍然是學生自己的責任，也就是歸咎於學生努力不足。

布赫迪厄指出，學校教育沒有採取強制灌輸上層階級價值觀的手法，而是在各種學校生活場合教導正統文化，這就是學校教育背後潛藏的課程內容。他以「象徵暴力」（symbolic violence）一詞形容這種看不見的暴力。

換言之，「學校」這項裝置的目的，在於讓統治者如願以償成為被統治者眼中涵養深厚、值得敬重的人物，被統治者則在象徵暴力之下，學習學校教育潛藏的課程內容。

這也就代表，一個人若要參加這場提升社會階級的競賽，就必須以溫順、積極的態度迅速習得這些潛藏的課程內容，尊崇上層階級的文化。

④ 主動構築反學校文化（counter-school culture）

前文將焦點放在學校教育，探討學校是如何敦促學生參與提升社會階級的競賽，灌輸上流社會的文化。不過，學校裡也有這麼一群學生，他們否定學校教育隱藏的課程內容，公然反抗教師，難道他們打從一開始就放棄了未來發展的機會嗎？這一節將聚焦於對學校文化提出異議的學生們。

描寫學生反抗學校教育文化的民族誌[6]當中，其中一部作品是保羅・威利斯（Paul Willis）的《學做工：勞工子弟何以接繼父業？》（*Learning to Labour: How Working Class Kids Get Working Class Jobs*）。威利斯在一所英國工業都市的中學進行研究，觀察出身勞動階級的學生是如何反抗學校權威，構築起獨特的反學校文化。

這群反學校文化的勞工子弟瞧不起順從校方指導、以提升學力為目標的學生，因而排擠他們。不過話說回來，勞工子弟嚮往的成人世界究竟是什麼模樣？

他們嚮往的是男性勞工的身影，是大口飲酒、暢談性事、自由自在的職場文化。勞工子弟為自己描繪的未來藍圖，是像父親一樣生活在社會底層，進入單純肉體勞動的世界。他們描繪的世界才是貨真價實的世界，學校灌輸的世界不過是騙人的贗品，從他們的社會看來缺乏常識又不切實際。

因此他們嘲笑認真聽講的學生，認為他們一點也不了解社會真相；他們對學校裡教的知識嗤之以鼻，光明正大反抗老師，因為這些東西出了社會一點用處也沒有。在他們心目中，一同實踐反學校文化的同志才是未來並肩奮鬥的夥伴。

如上所述，受到反學校文化影響的勞工子弟對於學校推崇的未來願景不屑一顧，主動往肉體勞動的路上邁進。威利斯的研究捕捉了勞工子弟是如何以父母的文化為理想，主動趨向父母的社會地位，揭露了孩子與父母進入相同社會階級，造就「階級再製」的過程。

⑤ 反學校文化的快感

為了更深入探討威利斯指出的反學校文化，我想跟各位讀者分享自己在夜間部教

6 作者註：民族誌（ethnography），拜訪特定場所，參與觀察生活其中的人群，探討人類行動模式、價值觀、規範的研究手法。

書時接觸到的例子。

假如將「考試」視為現代的通過儀式，大多數人的共同經驗，應屬十五歲正值多愁善感時接受的高中升學考試了。

谷山美彌子念國中的時候遭到同學霸凌，一步也不敢踏進教室，在校成績並不理想，只能選擇夜間部的學校升學。不過她報考的柏木高校是擁有優良傳統的升學高中，除了夜間部以外也設有日間部課程，考上這所學校，她就能跟日間部學生穿上同一件制服。

入學典禮結束後，一想到可以在嶄新的環境中重新出發，她便自信滿滿地前往學校。夜間部的上學時間是傍晚五點三十分，因此她五點左右抵達學校附近的車站，正準備跨出車門。

這時候正是日間部學生放學的時間，幾個女學生在月台上等著搭電車。明明是回家時間，卻看見眼前的女生穿著同一件制服來上學，其中一個女學生大感訝異，對旁邊的女生擺出驚訝的表情。那女生見狀衝著谷山說：「夜間部的啦。」言下之意流露出瞧不起夜間部學生的態度。

這句話有如利刃般刺進谷山胸口，她又變回了國中時低著頭走路的那個女生，意氣消沉地前往學校。她前方走著一樣念夜間部的女學生，她將制服改成迷你裙，染棕色頭髮，指間夾著根菸。

放學回家的日間部學生出了校門，從反方向朝著她們迎面走來。日間部學生看見她們那身違反服儀規定的打扮，心生恐懼，竟然像河水閃過河中央的木棍一樣，紛紛往路邊走避。

看見這番光景，谷山突然頓悟。

有什麼魔法能消除日間部學生「鄙視的目光」？那就是「不遵守服儀規定、把頭髮染成棕色」。

隔天，谷山染了茶色頭髮，穿著迷你百褶裙搭上電車。到了學校附近的車站，車門一開，月台上站著昨天譏諷她的日間部女學生。一反昨天的情景，這次換成日間部的學生低下頭去。這時谷山心想：「我贏了。」

谷山同學選擇違反校規染髮、衝撞服儀規定的心路歷程，指出了反學校文化不同於威利斯論述的一面。

國小、國中生必須在胸前別上名牌，上頭載明了自己的名字，因此個人無法逃離監視。升上高中之後不再需要別名牌，看似從此在校外享有了匿名的自由，但那只是表面上的假象而已。

公立國小、國中乃是根據地緣畫分校區，學校的制服只是代表校區的記號。換言之，公立國小、國中的制服僅代表校區的分別，僅顯示出平面上的差異，與個人能力差異的排序無關。

但高中制服可就不是這麼回事了。表面上看來，學生可以自由選擇升學志願，不過實際上只是透過「考試」這項裝置，將學生依據學力高低分配至各所高中罷了。而學生有義務穿上所屬學校的制服，等於把自己的偏差值穿在身上。

換言之，學校制服原本只是代表不同校區之間的水平差異，到了高中卻轉變為學力排名之間的垂直差異。

念優秀學校的同學，想必會神氣十足地將制服穿戴整齊吧。但是對於分配到後段學校的同學而言，制服等於是低人一等的烙印。排名後段的學生要是認真遵守學校規則，等於順從了依據「學力」這項價值觀制定的教育制度。為了抵抗這個制度，他們才會努力「違反服儀規定」。

排名後段的同學只要累積反學校文化的象徵符號，原本在學習表現上領先他們的同儕，便會對他們心生恐懼；除此之外，老師也會同樣產生懼意。

假如將身上穿戴的反學校文化象徵符號稱為「反學校文化資本」，我們可以這麼說：對於根據在校成績被貼上標籤的後段同學而言，他們要對自己的身分認同感到自豪，就必須累積反學校文化資本。

⑥ 借鑑《東大特訓班》

布赫迪厄的理論揭露了學校文化的核心，一掃我腦中的困惑，讀來真是神清氣爽。剩下的問題在於，儘管我們批判學校教育視統治者的文化為正統，將上流階級的文化教育給學生，但若想提升社會地位，學校教育仍然是唯一的手段。

這一章一路討論這個問題，可說陷入了死胡同，不過有一部電視劇針對上述問題提出討論，引發廣大迴響，那就是由三田紀房漫畫作品改編的電視劇《東大特訓班》[7]

7　作者註：原作為三田紀房於漫畫雜誌《Morning》（週刊モーニング，講談社發行）連載的當紅漫畫，後改拍為電視劇，由阿部寬飾演主角櫻木。故事描寫吊車尾學生應考東大的過程，在當時引發廣大迴響。

（ドラゴン桜，二〇〇五年七月八日開始於日本ＴＢＳ播出，又譯《龍櫻》）。

主角櫻木建二原本是個飆車族，後來當上律師，因緣際會下到龍山高中擔任老師。龍山高中聚集了吊車尾的學生，充滿反學校文化符號，櫻木卻誇下海口，說他第一年度就能在這所學校培養出五位應屆考上東大的學生。櫻木說：「考東大需要的是毅力和技巧」，他運用各式各樣的應考技巧，帶領學生挑戰東大入學考。

最震撼人心的是第一集，櫻木老師面對惡言相向的學生，在全體集會上激勵同學的一幕。

> 社會有它自己的規則，人都必須在這規則底下活下去。
>
> 但是這規則呢，全都是頭腦聰明的傢伙制定的。這代表什麼意思呢……也就是說，這些規矩都對頭腦聰明的傢伙有利。
>
> 反過來說，對他們不利的部分就小心藏好，不讓別人發現。但是遵守規則活下去的人裡頭，也有聰明的傢伙懂得利用這些規則。
>
> 比方說稅金、年金、保險、醫療制度、薪資制度都一樣，全都是頭腦聰明的傢伙故意把規則弄得複雜難懂，想盡辦法從其他人身上多搾出一點油水，最後倒

楣的就是頭腦不好又不去查資料的人。

講白點，像你們這種不用大腦、碰到什麼事都嫌麻煩的小鬼，最後就是傻傻被騙，繳的錢永遠比人多，一輩子被人家當成肥羊。

聰明人不會被騙，是撈到好處的贏家；傻子被騙吃悶虧，永遠是輸家，這就是現在的社會機制。

所以小鬼們，你們要是不想被騙，不想永遠當個吃悶虧的輸家，那就好好念書！教你們一個最簡單的方法：去念東大。

電視劇《東大特訓班》

血氣方剛的小子們怎麼可能安靜聽他訓話，其中一位學生矢島勇介馬上回嗆：「東大又怎樣？從剛剛就滿嘴東大、東大，囉嗦死了。」櫻木聽了回答他，不管是推崇東大的人、還是聽見東大兩個字就自卑的人都一樣，「全都是賤貨」。

櫻木在這個前提之下，繼續解釋他叫學生「去念東大」的理由。

當然啊，現在你還不懂嘛，因為你們這些小鬼還不了解社會啊。不對，不該說你們不了解，應該說是大人故意不告訴你們，反而叫你們相信什麼未知的無限可能，把毫無根據、不負責任的妄想種在你們腦袋裡。

如果你們隨著那種說法起舞，以為自己可以發揮個人特色，迎向與眾不同的人生，那就大錯特錯了，社會體系根本不是那個樣子。你們學生時代被蒙在鼓裡，等到出了社會，迎接你們的就只有充斥著不滿和後悔的現實而已。

三年B班，矢島勇介是吧？你要是看這種社會不順眼，那就把自己變成制定規則的那一方啊。

（前揭作品）

即使扣除「三流高中生考東大」這種聳動的目標，以及漫畫調性使然的激進發言，櫻木老師這番話仍然直指現代學校教育的問題核心。

原作者三田看見少子化導致應考人數減少，以及東大合格人數三千人等數字，將這部作品的焦點擺在探討學歷的「通貨膨脹」問題。

這個問題必然會導致學歷品牌的價值降低，以及品牌持有者的「社會性質」變化。換句話說，一旦持有者增加，品牌、資格的價值也會隨之降低。

學校制度不斷鼓勵學生對未來懷抱夢想，但是「夢想」以及「實現夢想的機會」之間卻出現了齟齬。櫻木看出這種齟齬，才會說現實明明並非如此，老師和大人卻鼓吹「無限的可能性」，要年輕人「發揮個人特色」，讓學生懷抱「毫無根據、不負責任的妄想」，結果出社會後年輕人心裡只剩下「不滿與後悔」，這番話直指教育問題的核心。

布赫迪厄在《社會學的問題》（*Questions de sociologie*）當中，也和櫻木老師一樣提出了這個問題，但是魄力與說服力都不及《東大特訓班》。「考東大」就能爭取到制定規則的機會，訂立自己理想中的遊戲規則，原作者三田假託櫻木之口，把這番訊息傳達給孩子們，實在令人佩服。

學校教育恣意將上流階級的文化視為正統，傳授予學生；但是即使反抗學校教育，發展出豐富多彩的反學校文化，也無法構築起條件豐裕的未來。既然如此，儘管看破了這個機制，還不如先學會學校裡教的那一套，打入統治者的世界，再從中開拓自己的道路。如此才能建立起不一樣的規則，讓長久以來遭人貶低的慣習獲得認同，打造出自己的舉手投足、興趣嗜好也能抬頭挺胸獲得肯定的社會，這就是這部作品想傳達的訊息。

雖然觀眾的注意力容易被「應考最高學府東大」這項奇蹟般的挑戰吸引，乍看之下也許以為《東大特訓班》只是漫畫改編的普通連續劇，不過它其實是充滿布赫迪厄理論精髓、直指學校教育文化核心的一部作品。

▶▶深入探討

1 請從自身經驗、報導社會現象的文章當中，找找看有哪些反學校文化。仔細觀察它們與時代、社會的關係，說不定會有新的發現。

2 坪田信貴的作品《後段班辣妹應屆考上慶應大學的故事》(学年ビリのギャルが１年で偏差値を40上げて慶應大学に現役合格した話）也同樣以升學考試為題材，於二〇一五年改拍為電影《塾底辣妹》(ビリギャル)。請以考試、學校相關題材的漫畫或小說為討論材料，與本章的論述互相比較，進一步探討學校教育的問題。

第六章

男子氣概的變遷

我們都認為真理、正義是絕對的概念，放諸四海皆準；但實際上，一旦進入另一個國家，在原本的國家長期信奉的真理、規範，其正當性便蕩然無存。隨著時代或地域空間不同，正義、真理這類概念其實也會有所變動。

「希望能幫助星野總教練變成真正的男子漢。」

這句話照字面讀起來不合邏輯。

前陣子過世的星野仙一總教練是位男性，把一個男人變成「男子漢」，這是怎麼回事？不過這句話出現的時間點，其實是在二〇〇三年阪神虎隊獲得聯盟優勝的前一年，當時星野就任為總教練，聘請田淵幸一擔任打擊教練，田淵受聘時說出了上述這句話（引自二〇〇二年二月三日讀賣電視台〈週刊トラトラタイガーズ〉）。

了解上述背景，我們毫無疑問會作此解釋：

阪神球團表現低迷，假如星野成功帶領這頭「病虎」贏得優勝，任誰都會承認他是位「有能力的總教練」。田淵同時也是星野的摯友，這句話表達了他輔助星野、為阪神虎隊優勝作出貢獻的決心。

也就是說，「變成真正的男子漢」這句話裡的「男子漢」，代表了「獨當一面」、「優秀」的意思。星野總教練就任第二年，便成功帶領阪神虎隊奪得聯盟優勝，的確成了「獨當一面的男子漢」。

不過假如只看字面上的意思，換個比較過分的方式來說，萬一阪神虎隊沒有取得優勝，那星野總教練可就淪為「成不了男子漢的男人」了。

如上所述，我們在生活中心照不宣的「男性」特質，往往超脫了生物學以及語言表達上的規則。這種男性特質究竟是什麼呢？

接下來這兩章將會討論「男性特質／女性特質」的問題，在這一章當中，先讓我們探討一下「男子氣概」吧。

①　嚮往的男性形象

Ⓐ　火紅的夕陽啊

念小學的時候，我家斜對面有間電影院。在電影院老闆熱情招待下，附近同個鄰里的孩子看電影都不必付錢。

當時國小三年級的我一放學回家，馬上丟下書包衝向電影院，只為了看一部片，那就是小林旭主演的「渡鳥」系列電影。

小林旭飾演主角瀧伸次，騎著馬、背著吉他，在荒野中颯爽現身。這情景現在想來實在詭異，首先日本不可能出現這種打扮的人，更別說主角身上還帶著手槍呢！無庸置疑，這正是一部脫離現實的日本版西部劇，但當時我卻深受吸引。

所有系列作當中最令我印象深刻的一部，是描寫當地黑道組織企圖侵占牧場，漂泊浪子小林旭與之對抗的故事[8]。淺丘琉璃子飾演牧場主人的女兒，原以為小林旭遲早會跟琉璃子在一起，沒想到肅清黑暗勢力之後，小林旭卻不告而別。琉璃子發現之後跑出家門，大聲呼喚：「瀧大哥——！」這時大銀幕映出小林旭在遙遠荒野上騎著馬、背著吉他的身影，電影就此結束。

漂泊浪子小林旭明知道琉璃子的心意，仍然選擇離開，深深撼動了我幼小的心靈。對當時的我來說，小林旭最迷人的是他跨坐在馬背上，回過頭來用食指稍微抬起遮住眼睛的牛仔帽緣，然後露齒微笑、在面前晃一晃食指的動作。

我實在太崇拜小林旭了。

就像喜歡假面騎士的小朋友會模仿假面騎士的打扮和動作一樣，我也把黃色的學生帽當作牛仔帽，以七比三的比例將前面的帽緣反摺，深深戴到快遮住眼睛。上學路上，我把兩隻手插在口袋，背上的書包就是我的吉他，邊走邊哼著電影主題曲：「火紅的夕陽啊，燃盡落下……抱著心愛吉他……」

體育課的時候，我也一樣學小林旭，所以換上白色的體育服和短褲，我還是邊哼著「火紅的夕陽啊，燃盡落下……」邊戴上紅白體育帽遮住眼睛，帽緣一樣以七比三反摺。

就在上體育課的時候，發生了一件事。

到操場集合之後，班導杉岡百合子老師告訴我們：「今天要練單槓。」大家都不喜歡器械體操，我也不例外，全場響起一陣不滿的哀號。班上有個最受男同學歡迎的可愛女生，名叫沙織，她尤其不擅長器械體操，這時沙織痛苦的表情映入我的眼簾。我可是小林旭，我一定要拯救扮演琉璃子的沙織才行。

「為什麼是單槓啊，憑什麼要我們練單槓！」

---

8 作者註：根據印象推測，應為一九六〇年的作品《夕陽俠影》（赤い夕陽の渡り鳥）。

我就這麼對老師口出惡言。老師立刻把我訓了一頓：「岩本同學，你就不要練單槓好了！」

我在沙織面前丟了臉，只能離開同學們，往長滿雜草的操場角落走去。我蹺腳躺到草皮上，兩隻手枕在後腦勺，把體育帽蓋在臉上，口中唱著：「火紅的夕陽啊，燃盡落下……」

天哪，才小學三年級，我竟然就成了問題學生。

Ⓑ「男子氣概」的演變

就在我迷上小林旭的「渡鳥」系列電影時，同一時期，伊藤公雄以日活電影公司的當紅影星石原裕次郎為研究對象，探討當時的「男子氣概」。

在一九五七年電影《呼喚暴風雨的男人》（嵐を呼ぶ男）當中，石原飾演的主角即將參加「鼓藝對決」，以打鼓技藝與人一較高下，卻在比賽前一天與黑道發生糾紛。對方曾經當過拳擊選手，石原在衝突中傷到了手腕。飾演主角戀人的北原三枝問他：「為什麼你不逃走呢？」石原這麼回答：

「逃走？別開玩笑了，我從來不背向別人的。」

關鍵的鼓藝對決迫在眉睫，石原應該盡可能避開暴力衝突，他卻認為遭人找碴時落荒而逃「不是『男人』該有的作為」。伊藤指出，石原的反應正表現出當時民眾對於「男子氣概」的共識。

換言之，一九六〇年代的日本社會強烈要求男性保持「堅忍不屈」的特質。既然如此，儘管兒時的我比同儕早熟，自然也不可免俗地努力符合社會期待，成為「堅忍不屈」的硬漢。

伊藤探討「男子氣概」的問題意識當中，也關注戰前的「男子氣概」觀念。他引用一九三五年，吉川英治於《朝日新聞》連載的作品《宮本武藏》為分析材料，著眼於武藏、小次郎的巖流島決鬥。這場決鬥當中，雙方力量不相上下，伊藤聚焦於巖流島決鬥的最後一段描述：

小次郎信仰的是技術與力量之劍，武藏信仰的則是精神之劍。雙方之間僅有這點差異。

可見「精神力」成了巖流島決鬥中決定勝負的關鍵。

吉川英治的《宮本武藏》寫於太平洋戰爭開始之前。伊藤指出，那個年代日本「男子氣概」的意識形態，認為理想男性的重點不在於能力、本事等肉眼可見的力量，而在於精神上的力量。換言之，武藏的禁欲、精神主義，使他成為當時日本男性心目中「男子氣概」的典型模範。

伊藤藉由上述討論過程，逐漸描摹出「男子氣概」隨時代的演變。

在戰後影星呈現出「硬漢形象」的同時，演員高倉健則以俠義作品吸引世人目光。高倉應對女性時木訥笨拙、不善交際，當時認為這種不善表達自我的笨拙當中，正蘊含著「男子漢的世界」，代表男兒不輕易表露自己的脆弱。

那麼現在呢？對於現代人而言，「男人不應表露情緒」、「男兒有淚不輕彈」等傳統的「男子氣概」形象已經大幅改變。

二〇〇六年上映的《淚光閃閃》（涙そうそう）當中，長澤雅美大喊：「哥——哥——，這段時間受你照顧了！」妻夫木聰聽了，不禁用右手捏緊鼻梁大哭出聲。觀眾看到這裡，不分男女，肯定都忍不住隨著妻夫木一同落淚吧。

體育界也一樣，男性運動員也開始為了比賽結果流淚，大方表現自己的情緒。

社會上要求的「男子氣概」，就是這麼隨著時代一路演變。

② 真理是普遍的？

Ⓐ 合理架構

庇里牛斯山這一側的真理，在那一側則是謬誤。

《思想錄》(*Pensées*)

這是哲學家帕斯卡（Blaise Pascal）《思想錄》當中的一句話。

帕斯卡於一六二三年出生，居於法國，因此「這一側」指的是法國，「那一側」則是西班牙。一般來說，我們都認為真理、正義是絕對的概念，放諸四海皆準；但是實際上，一旦跨越庇里牛斯山進入另一個國家，在原本的國家長期信奉的真理、規範，其正當性便蕩然無存。

帕斯卡這句話指出，隨著時代或空間（地域）不同，正義、真理這類概念其實也會有所變動。

針對帕斯卡這項論點，社會學家彼得・柏格（Peter Ludwig Berger）與漢斯菲爾・凱勒爾（Hansfried Kellner）（以下以柏格為作者代表）於兩人合著《社會學再詮釋》（*Sociology Reinterpreted*）一書當中，曾經運用「合理架構」（plausibility structure）的概念說明帕斯卡的論點：

> 心目中「合理」（plausible）的現實規定因人而異。舉例來說，一樣是丈夫發現妻子不忠，十八世紀的西班牙丈夫（會比帕斯卡的時代更）堅信這是對自己名譽的重大侮辱，對方須以血相償才是合理（plausible）的規矩。但是法國丈夫就不一樣了，雖然他們碰到這種狀況一樣笑不出來，仍然認為應該寬大為懷，包容妻子的行為才是合理做法。
>
> 《社會學再詮釋》

不過只看柏格這段說明，我們不免還是有些疑慮，畢竟上述對於「妻子不忠」的反應十分兩極，柏格也沒有提出明確證據。

即使我們想親身感受當時的現實世界，也不可能穿越時空回到十七世紀的法國，不過我們還是可以進入文學的世界。文學仔細描寫了當時的生活情景，讓我們藉由這些資料一窺當時的社會狀況吧。

Ⓑ 何謂貞節——瑪儂戀曲

《瑪儂情史》（*Manon Lescau*）是法國作家普萊沃（Antoine François Prévost）於一七三一年出版的作品。故事發生在十八世紀，根據柏格的說法，這個年代的法國丈夫，應該比十七世紀帕斯卡生活的年代更加寬容。

十七歲的格里厄騎士，邂逅了即將被送進修道院的美麗少女瑪儂。兩人迅速墜入情網，攜手私奔。

然而，瑪儂嚮往的是奢華生活，揮霍享樂才是她生命中不可或缺的食糧。瑪儂有個哥哥，這哥哥也是個不肖之輩，打算利用妹妹的美貌勾引貴族，大發一筆橫財。最後，格里厄終於也在兄妹倆的計畫之下染指犯罪。

瑪儂對格里厄的愛情真誠無欺，她愛格里厄時，用的是發自內心的真情。但是那僅限於她滿足於優渥生活的時候，假如格里厄只能為她獻上一片真心，那即使捨棄格里厄，她也要追求奢靡浮華的生活。

瑪儂就是這麼一個惡魔般魅惑人心的女孩，最具象徵性的應屬她用美色引誘富有的GM先生，計畫趁機偷取財物逃跑的一幕。

他們的作戰計畫，是讓瑪儂假裝委身於獵物GM先生，想辦法巧妙誆騙他取走財產，在不玷汙瑪儂的狀況下逃離現場。格里厄在外頭等待瑪儂脫身，但是這時他等到的卻不是瑪儂，而是一名陌生美女。

原來是瑪儂違背了約定，擔心格里厄等得寂寞難耐，所以才遣了這美女來讓他打發時間。換言之，瑪儂與其他男人過夜的同時，為了補償格里厄，送了另一個年輕女性來取代自己。格里厄哀嘆瑪儂這種背叛行為，為此痛苦不已。

面對格里厄的憤怒，瑪儂這麼說：

我覺得那女孩挺可愛的，相信即使我不在，她也不會讓你寂寞，所以由衷希望她能在這段短暫時間幫你排遣無聊。要說為什麼，那是因為我向你要求的是心靈上的貞潔。

《瑪儂情史》

瑪儂這番話具有十足的分量，尤其是「心靈上的貞潔」這一句。「貞潔」一詞對女性使用時，通常解釋為保守女性的純潔之身，代表的是肉體上的貞操。瑪儂卻將「貞潔」一詞的意義由「身體」巧妙轉換為「心靈」，主張她成功守護了自己對格里厄的愛之貞潔。

儘管瑪儂的一舉一動都令格里厄深受折磨，但從瑪儂的角度看來，她無意玩弄任何計謀，那份純真深深打動了格里厄，一口氣化解了他內心對瑪儂的懷疑，昇華為一種崇高、神聖的愛。

我在內心對自己說，她是在全無惡意的狀況下犯了這些罪過。雖然她個性輕率、冒失莽撞，卻是誠實認真的人。而且對我而言，心中這份戀慕就足以讓我忽視她所有的缺點。

（前揭書）

正如柏格所言，以十八世紀法國為背景描繪的格里厄，確實以寬容的心接納了妻子的不忠。

接下來，讓我們看看以西班牙為背景的代表作品吧！

Ⓒ 為名譽流血——《卡門》

普羅斯佩・梅里美（Prosper Mérimée）撰寫的《卡門》（*Carmen*），敘述主角唐・荷西對熱情狂野的卡門一見傾心，因而放棄軍中大好的升遷機會、淪為山賊，最後走上絞刑台的故事。

作者梅里美是法國人，不過《卡門》的創作原型源自於他赴西班牙旅行時，從蒙提侯伯爵夫人那裡聽來的故事。因此，雖然《卡門》的出版年份比《瑪儂情史》晚了一世紀，我們在此將它視為同年代發生於西班牙的故事進行比較。

唐・荷西在一間香菸工廠擔任衛兵，有四、五百位女性在這裡工作。女工成群結隊前往工廠的時候，有個女人口中啣著一朵金合歡，像母馬般扭動腰肢討好士兵，這女人正是卡門。

與卡門這場邂逅，攪亂了荷西所有的人生步調。卡門看上了荷西身上的鍊條，問他：「這位大哥，你願意把那條鍊子送我嗎？」荷西拒絕了她，卡門便說了句：「再會了，寶貝。」她取下口中那朵金合歡，以拇指朝荷西彈過去，不偏不倚打中他眉心。

荷西彷彿被子彈擊中似的，僵在原地動彈不得。卡門離去之後，他拾起落在腳邊的金合歡，悄悄收進上衣口袋。

收下這朵金合歡，等於決定了荷西的命運。卡門在工廠引發濺血風波，荷西幫助她逃亡，因此丟了升遷的機會，被關進監牢。即使如此，他仍然忘不了卡門，在獄中時時拿起那朵凋萎的金合歡，嗅聞它依舊馥郁的花香。

刑期結束後，卡門為了「歸還欠下的這份人情」，以盛情厚意回報荷西，兩人度過一段快樂時光。卡門告訴他：「別把我當一回事，就當你只是偶然遇上了魔鬼，否則要是你對我認真，那就像是跟絞刑台結婚一樣。」但是，這番話反而撩起了荷西心中的愛火。

荷西被卡門耍得團團轉，隨著日子過去更加思念她。後來他撞見長官與卡門私會，一怒之下殺死了長官，離開軍隊、加入了卡門她們的走私竊盜集團，卻發現率領竊盜集團的惡棍加西亞是卡門的丈夫。荷西無論如何都想獨占卡門，於是與加西亞展開決鬥。儘管荷西在決鬥中獲得勝利，但卡門並不是甘願專情於一個男人的女人。

> 我們兩人之間已經結束了。你是我的羅姆[9]，有權殺死自己的羅密，但卡門永遠是自由的。
>
> 《卡門》

卡門追求自由奔放的生活，荷西最後親手了結她的性命。

在《卡門》這部作品當中，我們看見的西班牙男性形象正如柏格所言，妻子的不忠「是對自己名譽的重大侮辱，必須讓對方以血相償」。

③ 塑造出來的「男子氣概」

這一章以代表性的文學作品為題材，檢視了柏格運用「男子氣概」探討的「合理架構」觀念。最後，我想引用柏格充滿機智的一段文字為這一章作結。柏格在此以《思想錄》為底，論述每一位丈夫倫理上的決定，其實都與社會脈絡密不可分：

只要一個人的生活還受到某個特定的合理架構支配，對他來說，符合這個合理架構的就是最合理的規定。但是我們也可以預測，假如合理架構產生變化，主觀上認為最合理的事物也會隨之改變。舉例來說，一位西班牙丈夫如果移居到法國，他不會再那麼甘願流血，只為了捍衛自己想像中的名譽；反過來說，如果法國丈夫移居到西班牙，恐怕也會跟著學會之前作夢也沒想過的決鬥規矩。

《社會學再詮釋》

假如我們生於十七、十八世紀的法國或西班牙，想必也會受到當時該國的倫理觀念馴化，培養出社會上要求的「男子氣概」。

9 作者註：羅姆意為丈夫，羅密則意指妻子。

即使生在日本也一樣，根據出生的年代不同，我們也會受到當時的倫理觀念影響，培養出相應的「男子氣概」。下一章將會著眼於我們受「男性特質／女性特質」馴化的過程，討論在社會要求下，我們所承受的「性別差異」束縛。

▶▶深入探討

1 舉例來說，動畫世界裡的男性形象產生了什麼變化？請調查不同時代的男性形象，假如發現了某些變化，請再進一步探討這個現象與作品年代、當時社會狀況之間的關係。

2 飲食方式等各種層面，我們心目中都有自認為「最合理」的規範。請挑選一個主題，運用合理架構的概念加以探討。

第七章

文化塑造的性別差異

在文明社會中，喜歡玩洋娃娃的是女孩，是不是因為負責照顧孩子的是母親，孩子耳濡目染之下才導致了這個現象？人們是不是看見了這個現象，才因此認為女性天生具有養育孩子的「母性本能」？

談論社會文化上塑造出的男女兩性差異時，為了在演講開場就引起聽眾的興趣，某些性別學者會讓大家猜個謎題：

A走下斜坡的時候，遇見B拉著運貨車迎面走來，後頭還有一位C幫忙推車。A見狀問B：「在後面推車的是你兒子嗎？」B說是。接著A走到C身旁問他：「在前面拉車的是你爸爸嗎？」C卻說不是。請問B和C究竟是什麼關係？

我們聽了忍不住覺得疑惑：既然B說C是他「兒子」，從親子關係看來，B應該是C的「爸爸」沒錯，為什麼C卻回答不是呢？

看見聽眾如入五里霧中，講者帶著「上鉤了」的得意笑容回答：

「B是C的媽媽。」

聽見這個答案，聽眾也許只覺得「什麼嘛」，不過性別學者提出這個問題，正是為了讓聽眾察覺「性別偏見在我們心中有多麼根深柢固」，引起觀眾的問題意識。也就是說，從上述問題可以看出社會文化形塑了「粗重工作由男性負責」的印象，而且這種印象已經深植在我們心中。

接下來，讓我們看看ＮＨＫ主播有働由美子於二〇一八年三月底辭去職務時，收到的各界評語：

> 腋下出汗、更年期、無性婚姻……不論碰上什麼話題，有働主播都能夠大方談論，態度自由奔放之餘不失體貼，掌握巧妙平衡，打破一般傳統形象。當她突然辭去主播一職，推特網友紛紛回應：「太帥了！」、「帥氣的男子漢作風，看得我都要戀愛了。」除此之外，同世代民眾也認為：「有働主播的決定為許多五十歲前後的人帶來勇氣。」、「看了大受鼓勵，我也要下定決心往前進！」可見同年齡層的民眾也深受有働主播的做法感動。
>
> 《每日新聞》二〇一八年四月八日

最近常聽人形容女性「有男子氣概」，所以上述引文以「男子漢作風」形容有働主播，讀起來也十分自然。我們之所以立刻領會其中涵義，恐怕是因為有働主播的行為與我們一般認知的「女性」形象背道而馳，反而與「獨立」、「果斷」、「抱負」等「男性」形象重疊的緣故。

因此，在以男性為中心的現代社會當中，面對有働主播這樣勇於行動的女性，我們才會給她戴上「男子漢」的面具加以理解。

在這一章當中，我們會探討社會文化上，對於生理性別產生的刻板印象，並思考這個現象造成了哪些社會問題。

① 受難——遭遇色狼

我念大學的時候，年輕男生就像披頭四的代表形象一樣，也流行留長頭髮。再加上創作歌手吉田拓郎爽朗唱著：「等我的頭髮跟你一樣，留到肩膀的時候……我們就結婚吧，唔・哼・哼・哼～」受到這些歌詞影響，當時我也留了長髮，而且那時不分男女，人人都穿著褲腳寬鬆的喇叭褲。

因為上述背景的關係，當時有女性朋友說我「像極了桃井薰[10]」，也許正因如此，我才會碰上接下來這件事。

大四那年秋天，我一個人到電影院看電影。

當時那間電影院的座位安排是這樣的：最前方的舞台上是銀幕，座位則分為中央、左側、右側三大區塊，中間隔著走道。電影院內空蕩蕩的沒什麼人，於是我挑了視野良好的中央區，找了個中間偏後的位置坐下。

電影開始放映之後，有名中年男子左手拿著紙袋，從中央區左側的走道往前走去。本來以為他只是想找個前排的座位，沒想到那男子走到第一排之後竟然向右轉，一路走到銀幕正中央，然後轉了九十度背向銀幕，環視觀眾席。這異樣的行為看起來好像在找人，又像是在物色獵物。

就在這時候，中年男子的視線竟然鎖定在我身上。

10　作者註：桃井薰（桃井かおり），日本女演員，亦曾拍攝化妝品公司廣告。主要出演電影有《藝伎回憶錄》（SAYURI，二〇〇五）、《不再托腮遐思》（もう頬づえはつかない，一九七九）、《男人真命苦　飛翔的寅次郎》（男はつらいよ 翔んでる寅次郎，一九七九）、《青春的蹉跌》（青春の蹉跌，一九七四）。

「咦，不會吧，我是男的耶，不可能啦。」儘管我這麼說服自己，那男子竟然按原路走回來，朝我越走越近。

我雖然介意男子的行動，卻不敢盯著他看，只能一個勁看著銀幕。男人的身影越來越大，逐漸占據了我的視野。我在心裡吶喊：「我是男的！你搞錯啦！不要過來！」可惜我在心裡怎麼喊也沒用，中年男子走到我這一排停了下來，直盯著我看。我努力說服自己：「等他發現我是男的，一定就會走開了。」但是面對逐步逼近的恐懼，我束手無策，那個男人走進這排座位，在我隔壁坐了下來。

男子的上半身面向我，眼睛盯著我的臉和身體看，這時候我已經被這男人的視線侵犯了。

各位讀者想必都覺得：「你直接擺出強硬態度，嗆他『看什麼看！』不就好了嗎？」但是，當時我壓根沒想到要這麼做，而且一句話也說不出來，只能將手臂擺在胸前、雙腿交叉，擺出防衛姿勢而已。

過一會兒，中年男子竟然把右手擺到我的扶手上，手刻意垂下來懸在半空中，手指正好就擺在即將碰到我左大腿的位置。這時候還來得及大聲喝斥：「大叔，你幹嘛！」但是我只敢在心裡祈禱：「拜託，不要對我做什麼事。」

男子把懸在半空中的指頭伸向我的左大腿，食指和中指像彈鋼琴一樣有節奏地擺動。到了這個地步已經忍無可忍，身為「男性」，應該挺身對抗才是。但都到了這時候，我仍然發不出聲音，只是一味忍耐。

中年男子也許把這種反應當成默許，他的手就這樣往我胯下伸過去。這時我才終於站起來，一聲也不吭，直接移動到走道另一邊的右側座位。

真是令人羞於啟齒的故事。當時的我並不符合社會上要求的「男子漢」行徑，常聽人說「女生碰上色狼的時候連聲音都發不出來」，我這次可說是親身體會到被色狼騷擾的感受。

我原本受到傳統觀念束縛，認為異性之間的戀愛、性關係一向是由男性主動、女性被動，但這次經驗撼動了我內心這種傳統的想法。視狀況與關係不同，「男性特質／女性特質」也可能彼此調換，既然如此，對於社會與文化關係中的「男性特質／女性特質」，我們也有必要進行反思。

② 文化上的性別差異

文化人類學家瑪格麗特・米德（Margaret Mead）對於我們抱持的性別刻板印象提出了敏銳的質疑。

一九二五年，米德為了調查原始部落的生活方式，前往玻里尼西亞（位於南太平洋）的薩摩亞島進行研究。她在此見到的光景，強烈動搖了以往文明社會中對於「男性／女性」的觀念[11]。

在薩摩亞，主要負擔家庭生計的是女性。她們終日忙於農耕，因此孩子只有在學會站立之前由母親負責看顧，之後照料孩子就成了男性的責任。男性早上完成漁業工作後就閒了下來，剩下的時間便一邊看顧孩子一邊閒散度過。更令人驚訝的是，這裡的男孩比女孩更喜歡玩娃娃。

經過這次調查，米德開始懷疑大眾相信的女性先天具「母性本能」的說法。

在文明社會當中，喜歡玩洋娃娃的是女孩，是不是因為負責照顧孩子的是母親，孩子耳濡目染之下才導致了這個現象？人們是不是看見了這個現象，才因此認為女性天生具有養育孩子的「母性本能」？

以這項假說為基礎，米德的研究對象從薩摩亞轉移到鄰近巴布亞紐幾內亞的馬努斯島。人們先入為主地認為許多性別差異是由生物因素導致，但馬努斯島上三種原住民族的生活方式，卻更進一步揭露了這些性別差異其實深受文化因素影響。

首先是阿拉佩什族。阿拉佩什族不分男女都個性溫和，不好爭戰。他們的教養態度也非常寬鬆，對孩子百般疼愛，即使小朋友只是跌了一跤，大人也會馬上上前安撫。男孩長到快十五歲的年紀，得不到想要的東西還會躺在地上踢腳耍賴。成年之後，他們受到別人批評還是容易掉眼淚，用斧頭揮砍椰子樹發脾氣，像個「嬌生慣養的大少爺」。

與阿拉佩什族比鄰而居的蒙杜古馬族，則表現出截然不同的特質。蒙杜古馬族有獵人頭的習俗，認為男性應該要鍛鍊筋力、驍勇善戰才理想。女性雖然參與種植菸草、椰子，但也負責捕魚等經濟活動，同樣表現出充滿攻擊性的陽剛特質。由於蒙杜古馬族要求孩子英勇無懼，在這樣的教養環境下，女孩也顯得十分男性化，要是被

11　作者註：本節關於米德調查報告的相關記載，參照祖父江孝男《文化人類學入門》（文化人類学のすすめ）。此外，祖父江先生參考的資料來源為Sex and Temperament in Three Primitive Societies, 1935。

人打了，絕對二話不說，立刻還手。

接下來，米德調查的是德昌布利族。德昌布利族的女性負責捕魚，負擔家中生計。男性則以植物汁液製成的顏料繪圖、以椰子樹葉編成籃子，負責藝術家的工作，與文明國家的男女印象正好相反。男性經濟上必須依賴女性，常因此感到自卑，有時候也會哭哭啼啼、歇斯底里。

米德的著作《兩性之間：變遷世界中的性研究》(*Male and Female: A Study of the Sexes in a Changing World*) 便以上述調查結果為基礎，指出兩性之間除了生物學上的差異，也就是生產下一代的分工不同之外，並沒有任何差別。

引述她的文字來說，不論走到世界上的哪一個角落，人類的特質可能是愚鈍或聰明、美麗或醜惡、友好或敵視、創新或順應，可以勇敢、堅忍、勤勉，只是這些特質有時候分配給男性，有時候則分配給女性而已。

③ 篩選與排除機制

我們往往根據文化，恣意將人類的特質以二元對立的方式畫分為「男性／女性」

兩類，這就是米德在此指出的問題。

接下來可以聯想到的問題是：某些人無法完全配合這種根據二元對立分配的特質，無法納入任何一個類別。不過討論這個問題之前，我想和各位一起思考一下，我們通常用什麼樣的眼光看待無法歸類的對象。

穿了一週的睡衣放在床上都沒關係，但如果是全新的鞋子擺在床上，我們好像就覺得沒辦法接受。在草原上看見與花朵一同生長的雜草是件再自然不過的事，但若看到自家花壇長了雜草，忍不住就想拔得一根不剩。

從這些例子可以看出，與其說是事物本身有問題，不如說是在特定的關係當中，它們會使人產生厭惡、排斥的情緒。

再談談動物吧。要是有人問：「什麼動物會在天上飛？」我們很自然就會回答「鳥」。那蝙蝠呢？蝙蝠也會飛，不過看牠的形貌實在無法歸為鳥類。而且蝙蝠不會生蛋，而是直接生出小蝙蝠哺乳養育，所以是不折不扣的哺乳類動物。但這是生物學上的分類，要是以日常生活中平板的方式分類，蝙蝠無法完全納入任何一個類別當中。在一般人眼中，牠因此被貶為某種不祥、恐怖的生物，真是委屈蝙蝠了。

瑪麗・道格拉斯（Mary Douglas）是鑽研「清潔／不淨」分類的學者之一，她的著作《純淨與危險：汙染與禁忌的概念分析》（*Purity and Danger: An Analysis of Concepts of Pollution and Taboo*）當中引用《舊約聖經・利未記》，說明動物「清潔／不淨」的分類乃是以宗教為基礎。

牛羊會將吞進胃裡的食物送回口腔反芻，腳蹄分為兩瓣，因此牛羊被視為家畜飼養，是獻祭的理想牲口。

反過來說，不會反芻又不分蹄的動物，則被歸類為野生動物。問題在於，有些動物無法以這兩個標準分類。例如豬的腳蹄雖然分為兩瓣，卻不會反芻；駱駝會反芻，腳蹄卻沒有分開。這些動物就和蝙蝠一樣，無法完美納入二元對立的類別當中。道格拉斯指出，牠們因此被歸類為「不淨」的動物，伊斯蘭社會至今仍然承襲《利未記》的教誨，保留不吃豬肉的習俗。

根據道格拉斯的說法，沒有任何事物是因為本質汙穢被歸為「不淨」，人們眼中不乾淨的髒東西「只存在於觀看者的眼中」。換言之，所謂的「不淨」之物，是由於它威脅了我們生活世界中規定的秩序而令人心生嫌惡，成為擾亂情緒的因子，才因此刺激了我們心中加以排除的衝動。

如上所述，我們會基於某些標準建立出分類機制，再藉此篩選、排除事物。

看了這些論述，讓我們再回頭討論「男性特質／女性特質」的問題。

④ 性別面具

> 我在無形之中被要求扮演好一個男孩子的角色，開始了這齣違背心意的劇碼。這時我已經懵懵懂懂地開始明白這個機制：別人以為我在演戲的部分，對我來說是回歸本質的渴望；而別人以為是自然流露的部分，才是我的表演。
>
> 《假面的告白》

這段文字引自三島由紀夫的半自傳性小說《假面的告白》。主角「我」體弱多病，由祖母帶大，社會壓力要求他表現出男孩該有的模樣，迫使他飾演一個男性的角色。

「我」雖然覺得風靡於男生之間的戰爭遊戲無聊透頂，仍然加入了他們。到了國中二年級的時候，「我」對一位名叫近江、個性粗暴的男學生心生憧憬。

假如容我用這種草率的方式形容，對我來說，那就是生來第一回的初戀，而且顯然是帶著肉欲的愛戀。

我迫切期待夏天到來，至少等到初夏，到了那個季節，我就有機會看見他的裸體。更甚者，我內心深處懷著更羞於啟齒的欲望，我想看他的「那話兒」。

（前揭書）

「我」對女孩子缺乏興趣，終於發現自己不同於其他男生，是同性戀者。但是，同學的妹妹園子令「我」感受到柏拉圖式的愛，在戀愛的常規促使之下，他孤注一擲地相信這種行為能夠點燃自己對園子熱烈的愛火。

園子依偎在我懷裡，她喘著氣，燒紅了臉頰，眼簾深深低垂。透著幾分稚氣的唇瓣如此美麗，卻仍然無法煽動我的欲望。但是我分分秒秒都在期待，期待在接吻當中我會浮現正常的欲望，浮現真誠無欺的愛。事態像一部向前猛進的機械，誰也無法攔阻。

我的嘴唇覆蓋了她的雙唇。過了一秒，一點快感也沒有。過了兩秒，還是一樣。過了三秒——我明白了一切。

……

我得逃跑，必須盡早逃跑，刻不容緩。我感到焦慮。為了不讓人看出悶悶不樂的神色，我裝得比平常更加開朗。

（前揭書）

主角「我」賣力演出社會要求的男性，賭上一切，希望這種表演能引發社會要求的男性欲望。但是「我」的期待落了空，空虛感反撲而來，經過這件事之後，「我」開始認真考慮自殺。

義大利小說家艾伯托・莫拉維亞（Alberto Moravia）的《同流者》（*Il conformista*，一九五一年）[12]，也是描寫性欲倒錯的文學作品。

主角馬契羅是位長相陰柔的少年，美得甚至會被誤認為身穿男裝的女孩。同學因

12 作者註：一九七〇年由貝托魯奇（Bernardo Bertolucci）導演改拍為同名電影《同流者》。

此用女子名「馬契琳娜」叫他，強迫他穿裙子。武器是世上最吸引馬契羅的東西，摸到父親持有的手槍時，那種誘發死亡的感受令他陶醉不已。

玩士兵遊戲的時候，其他男生天真無邪地玩耍，馬契羅則醉心於戰爭的冷酷與殘忍。他認為植物有罪必須給予懲罰，看見美麗的瑪格麗特、鬱金香植株，便拿燈心草將它們打得稀爛。後來他的殘虐性格益發強烈，對象從花木轉移到動物身上，把小鋼珠打進隔壁鄰居家貓咪的身體。

但是另一方面，他又深受某種強烈的渴望驅使。

> 那是對正常的渴望，渴望適應一般廣泛認同的規範，因為與人不同是一種罪惡，所以產生了想變得與所有人一樣的願望。
>
> 《同流者》

偏愛男色的利諾正好將馬契羅視為同類，他以手槍為誘餌，將馬契羅帶到房間。馬契羅對於利諾的性遊戲忍無可忍，用利諾交給他的那把手槍朝他扣下扳機。馬契羅深感自己犯下了殺人罪，將這份殺意與異常的自己埋藏心中，更加熱切追求正常生活。

馬契羅成年之後，為了扮成正常人，與門當戶對的女性茱莉亞結婚。為了進一步順應社會，馬契羅加入了墨索里尼領導的法西斯黨，入黨後為了顯示自己擁有男子漢應有的強悍，甚至協助黨內暗殺反體制派的教授。

墨索里尼原本受到狂熱擁戴，然而到了戰爭結束後，民眾卻開始向反對墨索里尼的國王喝采。

> 茱莉亞看著丈夫，馬契羅面不改色地喊著：「國王萬歲」。離開那裡之後，馬契羅終於說：「君主制的支持者人多勢眾，大家都想讓情勢倒向民主制……我們到奎里納爾廣場看看吧。」
>
> （前揭書）

有一群人由於無法滿足社會文化上對於性別的要求而苦惱，他們的內心糾葛鮮少浮上檯面。這兩部文學作品赤裸裸寫出了他們無法成為「正常人」、被迫演戲的痛苦。

馬契羅的情況則是急於順應體制，甚至不惜擁護極權主義；到了戰爭結束、體制改變的時候，他的立場又馬上翻轉，準備順應君主制度。也可以說，這份恐懼足以奪去他對社會的批判能力。

這部作品的日文譯名為《孤獨青年》（孤独な青年），原書名「Il conformista」的意思是「順應體制的人」，相較之下直譯書名更能表達這部作品的內涵。

話說回來，上述兩部文學作品都寫出了社會侵襲我們的方式：透過社會文化塑造的「男性／女性」兩種類別，對每個個體進行篩選，並排除掉無法歸類的人。這兩部作品，為我們點出了這種機制的恐怖之處。

⑤ 追求多樣性

《如果世界是100人村》（世界がもし100人の村だったら，二〇〇一年）當中提到，「有九十人是異性戀，十個人是同性戀」。換句話說，十個人裡面就有一人以同性戀者的身分生活。

世界上生活著各式各樣的人，《朝日新聞》報導了意識到不同族群、建立包容社會的具體方式之一，那就是為心理與生理性別不一致的「跨性別學生」，設計「自由搭配制服」[13]。

位於岡山的學生制服業界巨擘「TOMBOW」（トンボ）校服出貨量約占日本全國七成，根據報導，這家公司為二〇一八年四月開校的千葉縣柏市立柏之葉中學，提供了不分性別自由選擇長褲、裙子、領帶、領結的制服。西裝外套與長褲分別備有適合男女體型的版型，領結、領帶則是相同花紋，皆以灰色搭配深藍色設計。

「TOMBOW」設計師奧野步（奥野あゆみ，二十八歲）懷著期待表示：「各種不同想法的人能夠擁有更多選擇，這件事有它的意義。希望我們的社會未來能告訴大家，無論你做出哪一種選擇都沒有問題。」

此外，報紙同頁也介紹了其他制服公司的提案，例如考量到未來伊斯蘭教學生增加，為了不能露出肌膚的伊斯蘭教女學生推出「無國界制服」。

我們必須先了解不同族群的想法，才能真正理解社會上存在各式各樣的人、保持寬容的態度。如此一來，才有助於擺脫赤裸裸的同化暴力，不再強迫所有個體表現一致。

13　作者註：原報導標題為：「自由搭配制服尊重多樣性，摸索男女共用的制服設計」（多様性、選べる制服　男女共用のデザイン模索），刊於《朝日新聞》二〇一八年三月二十五日。

▶▶深入探討

1 米德認為，即使是以往視為生物學差異的男女差異，其實也是由社會巧妙塑造而成。請找找看，還有哪些差異也是由社會塑造出來的？

2 請思考女性專用車廂實施的社會背景。根據《朝日新聞》報導，有部落客指出女性專用車廂是一種「男性歧視」，請將這種說法也納入考量，試著思考女性專用車廂的問題點。

第八章

由幻影塑造的現實

就像投影機將影像投在布幕上一樣，「投射」就是把他人當作布幕，投影出自己內心的想法。原本只是自己內心的幻影，現在卻成為別人實際懷有的想法。

從前發生過的事情，有時候會突然浮現在我們腦海。有時那不只是回憶中的一幕，而是連當時鮮明的情緒都一併甦醒，歷歷如在眼前……

馬塞爾・普魯斯特（Marcel Proust）的作品《追憶似水年華》（*À la Recherche du temps Perdu*）當中，就有一段描寫瑪德蓮蛋糕成為喚醒記憶的引線，勾起主角童年時代在貢布雷的回憶。

> 我隨手舀起泡在茶水裡一塊變軟的瑪德蓮蛋糕，連著匙裡的紅茶一起放入口中。但是當那口混著蛋糕的茶水一進到口中，我嚇了一跳，發現自己內在有某件不尋常的事正在發生。一股美妙的快感，孤立而原因不明的快感，隨著紅茶進到我的體內。轉眼間，人生的各種苦難對我來說都無所謂了，生命中的災厄溫馴無害，人生的短暫彷彿也只是一種錯覺——就像戀愛以某種珍貴的本質充滿我的內在一樣……顯然我追尋的真相並非存在於紅茶當中，而是存在我心裡。
>
> ……
>
> 在我內心深處震顫的，確實是一種幻影，是視覺上的回憶。它與這味道產生連結，隨著口中的味道，奮力來到我身邊。

正如同普魯斯特將過去視覺上發生的事稱為幻影，我們想像某件事的時候，出現在腦中的印象也是一種幻影。這些幻影有時候就像《追憶似水年華》一樣，為我們現在的生活帶來潤澤；有些不祥的幻影則是我們深藏內心深處、不想面對的事物，它們受到某些契機牽引，再度浮上表面。

當過去不祥的幻影甦醒，牽動我們的行為，這時候會產生什麼問題？在這一章當中，我會以強烈點出這個議題的電影《影之車》（影の車）[14]為題材，討論幻影塑造出來的現實。

回想起來，《影之車》這部電影算是我走上社會學、媒體文化這條路的契機。不過，這種說法說不定也是我將自己人生中的點與點連成線，塑造出來的一種幻影。

14　作者註：電影《影之車》（一九七〇年）由野村芳太郎導演，橋本忍編劇，是由小說改拍為電影的作品。原作為松本清張所著《潛在光景》，一九六一年連載於《婦人公論》雜誌。這一章交錯敘述電影與原作《潛在光景》的內容，也加上我自己記憶中的印象。

①與電影《影之車》的邂逅

Ⓐ等不到公車

我之所以遇見《影之車》這部作品，背後其實有一段淵源。我是在考大學那天看到這部電影的。應屆那年，我決定就近報考關西的關西學院大學，不過除此之外，受到青山學院大學新潮的印象吸引，我也報考了這所學校，這是我報名的唯一一所關東大學。也許是因為報考心態非常隨興的關係，考前當我借住到三鷹的親戚家時，甚至沒有先勘查過考場，只查了公車路線與搭車時間就準備上陣了。

到了考試當天，我在公車站等車，但是靠站的全是其他路線的公車，時間一分一秒流逝。畢竟都繳了報名費，這時候應該尋找公車以外的交通方式，才是正常的做法吧？但我居然心想：「假如過了能及時趕到考場的時間，公車都沒有來，那一定是上天的意旨，叫我不要去考試了。」想不到吧，我竟然把要不要應考交由神的意旨來決定。其實，當時的我應該是想逃避這場不可能錄取的大學考試吧。

等公車的時限到了，這下我積極盤算該如何度過這段空出來的時間。「說到東京當然先想到銀座，好，去銀座逛逛吧！」我都放棄嘗試前往青山學院大學了，究竟是怎麼抵達銀座的？想起來還真不可思議，但我對於交通過程可是一點印象也沒有。雖然人順利到了銀座，但我打從出了家門就沒上廁所，膀胱快爆炸了。為了解決內急問題，我四處尋找百貨公司、小鋼珠店，但是時間太早了，每間店都還沒開門。就在這個時候，我看見一個阿姨正在電影院門口清掃。我厚著臉皮，拜託電影院讓我在上映一小時前進去，只為了上廁所。

後來，這部電影竟然在我心裡留下了無法抹滅的深刻印象，這也許真的是上天的指引吧。

Ⓑ 六歲小孩有殺意嗎？

電影主角濱島幸雄在搭公車時，與岩下志麻飾演的小磯泰子重逢。兩人已經二十年不見，他們聊著回憶中一起成長的街景，彩色的畫面也隨之轉變，加上了昏黃的濾鏡，像經年褪色的相片，映出千葉海邊的小鎮。此後每一次切換到回憶場景，都是由飾演男主角濱島的演員加藤剛擔任旁白。這種影像技法表現出現代與過去的對比，深深撼動了我。

泰子告訴濱島：「我先生過世了，現在我和快滿六歲的健一住在一起。」濱島受邀前往泰子座落於山腳下的獨棟家屋，從此頻繁拜訪，兩人的關係逐漸升溫。濱島和泰子上床的時候，擔心會被拉門另一頭剛鑽進被窩的健一聽見，於是到隔壁確認健一是否已經閉上眼睛。正當濱島放下心來，跟泰子繼續溫存的時候，鏡頭再度拍到健一，他揉了揉眼睛，看起來也像是隔著拉門上的玻璃，看著另一頭肢體交纏的兩人。

泰子以保險專員為業，因此健一是鑰匙兒童。泰子不在家的某天，濱島前來拜訪，開門的瞬間嚇了一大跳，健一站在那裡，拿菜刀對著他。但是仔細一看，健一只是拿菜刀在削木棒而已。濱島察覺到自己與健一的關係並不順利，回想起童年的記憶。

小時候，濱島家經營零食雜貨鋪，母親是單親媽媽，爸爸那邊的伯父經常來訪。看見母親歡迎伯父到訪，濱島表現出厭惡的態度。濱島先上床睡覺，總會看見母親依偎在伯父身側幫他倒酒。

討厭的伯父只有一個優點，那就是會帶濱島去釣魚。伯父繫著安全索，在斷崖邊磯釣，釣上了一條大鯛魚，拿起來秀給濱島看。濱島想到伯父身邊看魚，正要沿著安全索走過去，伯父卻說：「太危險了」，揮揮手把他趕了回去。濱島惡狠狠地瞪視伯父。

經過這段回想，濱島發現自己應該送一些喜歡的東西給健一，於是買了塑膠模型回來。但是，後來為了驅鼠，三人一起做了摻進老鼠藥的毒饅頭，健一卻想把毒饅頭拿給濱島吃，更加重了他對健一的恐懼。

下一次的回憶場景，是喪葬隊伍行經自家門前的場面。幼小的濱島站在一旁瞪視著喪禮過程，母親崩潰痛哭，渾身顫抖。喪禮的遺照上是伯父的臉孔。

某天，濱島在假日來訪，泰子不在家，他便在緣廊的搖椅上睡著了。鑰匙兒童健一像往常一樣，從外側把門鎖好，拿著球到外面玩耍。鏡頭接著拍到廚房爐子上沸騰的水壺。

溢出的滾水澆熄了爐火，整間房子充滿瓦斯，濱島在呼吸困難之中驚醒。他急忙關上廚房瓦斯，正想打開緣廊的玻璃門，一拉開窗簾，卻驚見健一站在外頭，隔著玻璃盯著他看。濱島想改由玄關出去，大門卻鎖著打不開，只好走到另一扇玻璃門前，但是一拉開簾子，又看見健一站在那裡。濱島發現玻璃門上下端設有防盜用的鉤子，終於成功打開玻璃門，大口呼吸新鮮空氣。這時映入他眼簾的，是健一在遠處玩球的身影。

濱島透過玻璃看見的健一，究竟是現實還是幻影？雖然不知道真相如何，但濱島對健一實在已經怕得退避三舍，不敢再到泰子家拜訪。

泰子因此質問濱島不再來訪的理由。

濱島：「其實是因為健一有點……」

泰子：「健一？」

濱島：「該怎麼說，健一看我的眼神好像看穿了一切，又像在責備我……」

……

泰子：「原來是這樣，這方面你完全不用擔心。最近我才問過他：『我們乾脆讓濱島叔叔當你爸爸好不好？』健一聽了馬上就說『好』。健一是我的孩子，要是有什麼事，最先注意到的一定是我呀。雖然不太清楚發生了什麼事，不過那只是你的錯覺而已。」

電影《影之車》

泰子說這是「錯覺」，改變了濱島的想法，他決定首度到泰子家過夜。在泰子家留宿那天，濱島很早就醒了，起床上廁所。上完廁所一回頭，竟看見健一拿著斧頭站在他背後。健一高舉起斧頭的瞬間，濱島慘叫出聲，情急之下用左手抓住健一握著斧頭的手，右手則掐緊了健一的脖子。

場景切換到偵訊室。

蘆田伸介飾演的刑警認為，整起事件是濱島「為了和泰子在一起，企圖殺死礙事的孩子」，固執地逼問濱島。濱島舉出健一對自己懷有殺意一事為例，主張自己只是採取「正當防衛」。

刑警：「沒錯，全部都是你編出來的。對你來說，這可真是方便的被害妄想啊。」

濱島：「妄想？」

刑警：「難道不是嗎？對方可是個天真不懂事的小孩，他才六歲而已啊。最近的犯罪者喔，像你這種人太多了，真是讓人搖頭。你們平常心裡就嫌人家礙事，對方明明沒有那個意思，也沒做什麼，你們卻擅自解釋對方的一舉一動，指控對方懷有明顯敵意，企圖對你不利。一切都只是為了處理掉對方、正當化自己的行為，太不負責任了。

不過以這起案件來說，這種正當化的說法根本不可能成立。小學一年級的六歲小孩，怎麼可能懷有明確的殺意，發瘋地揮著斧頭撲向成年男性，企圖殺死對方？不可能啦，這麼離譜的事情絕對不可能！」

濱島：「不對，真的有可能！」

刑警：「哦，『有可能』？為什麼『有可能』？」

濱島：「因為真的發生過！……那是我六歲的時候……」

電影《影之車》

濱島說著說著，影像切換為回憶畫面，那是伯父在岩石上磯釣的場景。濱島遭到伯父制止，心生不滿，低頭一看，伯父身上的安全索繫在岩石上，旁邊放著一把斧頭。畫面上映出六歲的濱島，他舉起斧頭，一次又一次朝著安全索揮砍，直到將它劈斷為止。

回到現實。故事的結尾，健一脖子上打了石膏，在自家門前盪著鞦韆，電影就此落幕。看完整部電影，帶給我的衝擊有如被斧頭重重劈了一擊，久久無法離開座位。假如等到了往青山學院大學的公車，我這時應該在入學考的考卷上振筆疾書才對，但這些事早已被我拋到九霄雲外……

② 潛意識創造出現實

「殺意」這種東西，究竟是從幾歲開始出現的？

「他只是個天真不懂事的六歲小孩」，正如那位刑警所說，我們也不相信小學一年級的六歲小孩可能懷有「殺意」。然而，《影之車》動搖了我們心中對於「殺意年齡」的觀念，推翻了「六歲小孩不可能有殺意」的說法，提出聳動的質疑，以實體論的方式指出「六歲小孩心中也存在殺意」。

話雖如此，《影之車》並不只是一部質疑「殺意年齡」的電影。

濱島要培養他與泰子之間的愛情，就必須與她的兒子健一打好關係。但是濱島卻覺得即將滿六歲的健一不僅不願意熱情接納他，還對他懷有敵意，甚至出現帶有殺意的行為。

每當健一的行為、或是可能成為凶器的特定物品映入濱島眼中，引發強烈反應，銀幕上就會播放濱島的回憶場景，以泛黃的膠卷表現出歲月的痕跡。這些回想正表現了濱島的潛意識。

潛意識指的是沒有被主體認知為意識的想法，但是根據狀況不同，潛意識也可能浮上表層意識。松本清張納入這項心理學要素，寫成了《潛在光景》，導演野村芳太郎、編劇橋本忍再運用精鍊的影像手法，將這些潛意識片段拍成一部深沉的作品。

濱島的潛意識在與健一的互動當中逐漸浮上表面，健一舉起斧頭的瞬間，濱島的潛意識終於到達表層意識。濱島與現在的健一同樣是六歲的時候，母親也是單親媽媽，他殺死了母親的戀愛對象，也就是來訪濱島家的伯父。現在主客位置逆轉，健一與當年的濱島處於相同境遇，現在是否也打算殺死母親的戀愛對象，也就是自己呢？濱島的恐懼化為了鮮明的影像，於是濱島為了自衛，使勁掐住健一的脖子。

除了「潛意識」之外，這部作品也反映出心理學當中「投射」的觀念。根據《誠信心理學辭典》（誠信 心理学辞典）的解釋，「投射」指的是「主體難以將自己內心的觀念、感情、衝動接納到意識當中，因此加以壓抑，並將這些觀念、感情、衝動賦予其他人」。

濱島描述健一的行為帶有殺意時，刑警斷定他只是想把問題推給對方，一切都是他單方面的說詞：「你們平常心裡就嫌人家礙事，對方明明沒有那個意思，也沒做什麼，你們卻……指控對方懷有明顯敵意，企圖對你不利。」濱島說得繪聲繪影，刑警卻斥之為「妄想」，他駁斥濱島的這段話表現了心理學上「投射」的概念。

就像投影機將影像投在布幕上一樣，「投射」就是把他人當作布幕，投影出自己內心的想法。換言之，濱島將面臨相同境遇的健一當作布幕，投射出自己過去對伯父抱持的殺意，因此認為健一也一樣懷有殺意。也就是說，這原本只是自己內心的幻影，現在卻成為別人實際懷有的想法，出現在濱島的認知當中。

③ 行為的正當化——動機語彙

接下來，我們跳脫心理學的觀點來看《影之車》這部電影。

討論犯罪事件的時候，往往會提到「犯人為什麼選擇採取這種行動」，也就是犯罪的「動機」。這種觀點以「行為人的想法導致行為出現」為前提，因此才會注意行為人的主體。

然而，米爾斯（Charles Wright Mills）卻不認為動機是「事先存在於行為人心中」的東西，提出了動機存在於外界的說法。即使採取行動的當事人再怎麼敘述自己的動機，只要提問的一方或周遭人群無法理解，他的動機就不會受到接納。

米爾斯將這種表現動機的敘述或文字稱為「動機語彙」。必須達到提問者以及周遭人群都能認同的說明，「動機語彙」才會受人接納。換言之，講述動機的時候，假如沒有採用社會上能夠接受的價值觀加以說明，人們就無法理解。既然如此，令人滿意的「動機語彙」充其量不過是一種事後解釋而已，是行為人因應時代、社會、地域、人際關係等狀況，運用眾人能夠理解的價值觀與規範所建立起來的。

米爾斯舉出接下來這個例子，說明二十世紀的美國以個人主義、性欲、享樂主義、金錢等「動機語彙」為大宗。

> 中世紀的一位僧侶寫道，自己之所以將食物分給貧困的美麗女子，是「為了神的榮光，為了自己靈魂的永恆救贖」。為什麼我們會懷疑這位僧侶的說法，傾向將他的行為歸屬到性方面的動機呢？這是因為在我們的時代與社會當中，性欲是具有重大影響力的廣泛動機。

中世紀僧侶將食物分給貧困的美麗女性，同樣行為若是發生在二十世紀的美國，就會被解釋為是「出自性方面的動機」。若把焦點放在行為人身上，行為人會依據符合自己需求的「動機語彙」採取行動，也可能在行動之後，運用適合的「動機語彙」說服他人承認自己的行為。換言之，行為人也可能在事前就判斷他人能夠認同自己的動機，並依據這種事前判斷採取行動。

在《影之車》當中，濱島採用正當防衛作為自己的「動機語彙」，試圖說服刑警，因此舉出健一抱有殺意的例子。但是刑警沒有接受他的說法，斥之為「妄想」，這是因為刑警心中的社會觀念使他確信「六歲小孩子的殺意」只是無稽之談，不可能用正當防衛解釋這起事件。

於是濱島為了讓刑警接納「正當防衛」這項動機語彙，才會自白過去的遭遇，以證明「即使是六歲小孩也有殺意」。

④ 從「動機語彙」窺見社會

從登場人物講述的「動機語彙」可以窺見社會情況，也就是心理學知識[15]已經走出學術世界，滲透到我們日常生活的社會了。

既然《潛在光景》發表於一九六一年，可以說「潛意識」、「投射」等心理學用語，當時已經在社會上普及了。那現在呢？舉個例子：「小時候學鋼琴的經驗，造成我心理創傷……」，「心理創傷」這個心理學用語，在日常對話中也已經耳熟能詳。

「奶奶，以前你強迫我把慣用手改成右手，造成我心理創傷了。」

前陣子，住在東京的女兒帶著全家人回娘家來，念大學的孫子對我說了這句話……那是十二年前，第二個孫子出生的時候。因為女兒坐月子的關係，我到東京她們家裡幫忙，住了三週，看見還沒上小學的孫子用左手握鉛筆、拿筷子。

我想送孫子去學書法，心想：「這事非同小可，我身為祖母一定要負責幫他把慣用手矯正過來。」從此我每天嚴厲地糾正他。

《朝日新聞》（西部）二〇一八年六月二十八日刊[16]

這篇對孫子表達歉意的文章，來自《朝日新聞》的讀者投稿。將「心理創傷」（トラウマ）這個詞丟到《朝日新聞》的資料庫「聞藏」當中檢索，可以發現這個詞彙最早見於一九九一年，出現兩件檢索結果。之後幾年，出現頻率慢慢增加，到了十年後，也就是二〇一一年，檢索結果增加至一百二十五件，二〇一七年則是一百四十五件。從這項結果可以看出，心理學詞彙不只滲透到「動機語彙」當中，它也已經紮根於我們生活中的各種場合，受到民眾廣泛使用。我們運用知識、情報建立印象，透過這種印象觀看人事物，也觀看社會。既然如此，這也就代表我們透過這些印象，觀看自我周遭的環境、加以解釋的時候，也納入了心理學的觀點。

更進一步來說，從這篇讀者投稿當中可以看出，孫子使用「心理創傷」一詞形容祖母的做法，導致祖母屈服於這個詞彙的力量，不得不加以辯解，這也許代表心理學用語已經成為一種權力了。

現在，讓我們回頭看看《影之車》，回到「六歲小孩是否會產生殺意」這個問題的

15 作者註：森真一在《自我控制的牢籠》（自己コントロールの檻）指出心理學用語普及到社會當中的現象。

16 作者註：引自專欄〈片刻時光〉（ひととき），《朝日新聞》（西部版）。

原點重新思考。

濱島供認自己六歲時殺死了伯父，假設事實真是如此，那麼六歲孩子的殺意也許真的「存在」。但即使如此，也無法由此推論健一也一樣懷有殺意。

不過，這件事也可能出現另一種不同解釋：你覺得童年的記憶可靠嗎？

我們的記憶會在生命歷程與人際關係當中不斷修正、覆寫保存。有一種假說是，伯父其實只是在磯釣中死於意外事故。濱島心裡討厭伯父，希望這個人從世界上消失，對他來說，伯父死於事故和他親手殺害沒有差別。也許是這種想法融合在他的記憶當中、覆寫保存，因此他才覺得自己是殺害伯父的兇手。假如濱島只是將這段被覆寫的記憶「投射」在健一身上，等於全盤否定了這個故事中「六歲孩童的殺意」。但以上充其量只是假說，是一種猜測而已。

下一章，我們會聚焦於記憶的這種覆寫保存機制，從另一個角度探討印象與幻影的問題。

▶▶深入探討

1 請問問自己，碰到哪些事情的時候，會喚醒你什麼樣的回憶？透過這個問題，你也許可以看出自己的執著所在。

2 日常生活中出現了哪些心理學用語？請查查看它們是從什麼時候開始出現在媒體當中，思考心理學用語如何被運用，又是如何隨著時間經過，逐漸普及到社會當中。

第九章

記憶的塑造——兄弟之愛與印象的「搖擺」

以人際關係來說，兩個人之間要產生關聯，前提是彼此之間必須先有隔閡，就像河有兩岸，橋梁才得以存在。友情也好、戀愛也罷，一段關係的開始都是先找到對象，然後使對方和自己產生關聯。

對佛祖來說，放眼望去世界澄明無際；但是人就不是這樣了，不管到了幾歲、不管賺到多少財富，每次「看見」了看不見的東西都要哭泣，錯過了看得見的東西也要哭泣，屢試不爽。

在佛祖看來，所有人都像是徬徨迷失在黑暗當中，眼睛都還沒睜開的小嬰兒……

哎呀，雖然說是哭，但是你看看，到了我這種年紀，總不能用小朋友一樣可愛的聲音「嗚哇——」大聲哭出來吧。我們只能把想哭的心情往肚裡吞，裝出一副威風的樣子，不讓別人看見自己的脆弱，或是反過來對身邊的人露出敵意，變成越來越卑鄙的人。

這段道理高妙的和尚說法，引自西川美和導演的電影《吊橋上的祕密》（ゆれる，二〇〇六年）。

和尚以視覺上「看見／沒看見」的問題出發，講述在成長同時變得日漸卑鄙的人性。「百聞不如一見」，就像這句諺語所說，不論費盡多少唇舌說明，都不如實際以雙眼見證獲得的理解來得深入，可以說透過視覺捕捉的事實，才最值得信任。

話是這麼說，不過仔細想來便會浮現許多疑問。首先，由於視覺情報受到社會信任，因此假如看了不願看見的東西，只要堅稱「沒看見」，便能抹殺自己「看見」的東西。另外，即使我們實際「看見」了某樣東西，真的就能分毫不差地將它化為記憶中的印象，牢牢記在腦海嗎？

還不只這樣，我們一開始將一件事存放在記憶中的時候，說不定就以自己希望的方式改寫它了。除此之外，根據觀看與被觀看者雙方的關係，存放到記憶中的印象也可能被修正。

西川美和導演透過電影《吊橋上的祕密》，質疑我們對視覺印象的信賴，就像這部電影的日文片名一樣，「搖撼」了觀眾的心。作品一方面增加這種「動搖」的幅度，一方面將我們視為理所當然的兄弟之愛打上問號，迫使觀眾思考究竟「何謂手足」。在這一章當中，我們會回應西川導演的上述問題，展開相關討論。

① 電影《吊橋上的祕密》

為了參加母親的法事，阿猛（小田切讓飾）開著復古的外國車回到家鄉。當他拉開房間紙門，觀眾便聽到本章開頭引用的那段和尚說法，暗示著往後的故事走向。

十多年前，阿猛捨棄偏僻荒涼的故鄉來到東京，當上攝影師，過著自由奔放的生活。阿猛有個老實的哥哥，名叫阿稔（香川照之飾），繼承了家中經營的早川燃料行。阿猛離開故鄉前曾經交往過的女生智惠子，如今在阿稔開的加油站工作。阿猛隱約感覺哥哥對智惠子有好感，看見兩人關係交好的模樣，妒意油然而生。

阿猛告訴哥哥他要送智惠子回家，卻像往日一般進了她家，跟她發生了關係。但是對阿猛來說，他絲毫不打算為智惠子的將來負責，不過是一時衝動的行為罷了。阿猛到了深夜才回家，出於對哥哥的愧疚，他謊稱自己是跟智惠子一起去了居酒屋。

「智惠子還滿纏人的吧？」

哥哥背對我這麼說。

我背後竄起一陣冷意，正要嚥下一口鉛塊般的空氣……

哥哥繼續說：

「喝醉酒的時候。」

我小心不讓他發現自己鬆了一口氣。

「嗯，會嗎？看她那個樣子，還滿能喝的嘛。我在旁邊閒得無聊，平常不太喜歡這種場合。」

《吊橋上的祕密》

隔天，兄弟倆和智惠子一起來到蓮見溪谷，小時候父母曾經帶著他們一起到這裡玩。智惠子看見阿猛到了對岸，為了追上他而走上吊橋。阿稔提醒她危險，伸手攙扶她，但智惠子心中對阿猛的舊情已經復燃，忍不住朝著阿稔大喊：「不要碰我！」

也許是這句話傳到了阿猛耳中，人在對岸的阿猛回過頭來，看向吊橋上的兩人。這時吊橋上究竟發生了什麼事，目擊者只有阿猛一個人。然而，阿猛走回吊橋上，看見哥哥趴在橋上、緊緊握著吊橋的繩索，他卻裝出這時才知道發生什麼事的態度。阿稔渾身顫抖，喃喃說著：「智惠子她……」阿猛見狀報警，告訴警方這是一起意外事故。

但後來阿稔卻主動招供，說是他把智惠子推下去的。阿猛立刻聯絡以律師為業的伯父，委託他為哥哥辯護。

身為目擊者的阿猛打算幫助哥哥，這時候我們該如何理解他的行為呢？假如當時他看見智惠子意外跌落吊橋，那大可直接向警察或擔任辯護律師的伯父說出實情。但是阿猛卻一邊假裝「沒看見」，一邊試圖幫助哥哥，從這一點看來，他應該是看見阿稔將智惠子推落吊橋，所以才裝作「沒看見」，好將整起事件歸因於意外事故吧。

阿稔後來還是在法庭上撤回供詞，說當初是因為眼睜睜看著智惠子在眼前喪命，內心自責不已，所以才無意間把自己說得像是兇手。審判朝著意外事故的方向推進，然而在一次次探視、開庭過程中，兄弟之間發生摩擦，阿猛對於吊橋事件的印象，也隨著每一次衝突大幅改變。最後，阿猛站上最終審判的應訊台，說出他所目擊的事件經過：

「我哥哥是非常溫柔、正直的人。我這個人沒什麼值得自豪的東西，唯有哥哥是我的驕傲。在我心目中只有哥哥值得信任，也只有哥哥和我血緣相連。但是這一切都變了。他本來不是這種人，不會刻意編造出這麼巧妙的謊言……即使說出事件經過會毀了我和哥哥之間的關係，害得我們兩人從此過上悲慘的人生，但是為了找回我原本的哥哥，我也要賭上自己的人生，在此說出實情。」

根據阿猛的證詞，阿稔判處七年徒刑定讞。

② 何謂家庭（手足）？

Ⓐ 家庭（手足）的概念

可惜我是獨生子，並不知道實際上有個「手足」是什麼樣的感覺。不過剛上國中的時候，朋友曾經被老師問到：「你是那個〇〇同學的弟弟嗎？」只因為有個哥哥，就能跟老師拉近關係，當時我曾為此感到嫉妒。

社會學家賈伯．古畢恩（Jaber F. Gubrium）與詹姆斯．霍爾斯坦（James A. Holstein）曾經發表一本標題聳動的書《何謂家庭》（*What is Family?*）。

古畢恩和霍爾斯坦從一個假設開始論述：降落在地球上的外星人，應該難以理解我們的家族概念。為什麼呢？假如外星人問：「親子、兄弟是什麼？」我們也許會回答：「是有血緣關係的人。」但是，也有不存在血緣關係，藉由婚姻、收養等建立的岳父母、義兄弟關係。

不只這樣，某些親子之間即使存在血緣關係，也有人會說：「這種小孩不是我女兒（兒子）。」、「那種人才不是我的媽媽（爸爸）。」還有，外國黑手黨幫派不也稱為「家族」嗎？再講到巴哈是「音樂之父」、韓德爾是「音樂之母」，外星人聽得都糊塗了。

兩位社會學家藉由上述討論指出，我們以各式各樣的語彙談論家庭、手足關係，「家人」其實是一種千變萬化的概念。作者從這項討論探索我們共享的家庭意識，進而促使我們思考「何謂家庭」。

提到家庭，首先浮現我們腦海的印象，是由一位男性（父親）與一位女性（母親），再加上幾個小孩組成的核心家庭。同時，在我們共通的觀念中，家庭是以精神上的關懷彼此聯繫，是一種溫馨的共同體。換言之，大眾共享的家庭概念是「精神上的聯繫」，由於這層印象，我們會將家人之間的關係想像成一種有形、穩固的「羈絆」。

然而，這種家庭概念其實到了非常近代才開始出現。傳統上的家庭是大家族，在大家族的時代，成員之間彼此團結的目的，基本上是為了組成農業、漁業等生產單位。這時家庭的意義是生產，而非精神上的聯繫。但是到了近代，人們開始出外工作，家庭不再是一種生產組織，至今在家族當中密不可分的「家庭」與「工作」因此分離了。換個說法，也就是「家庭」這個集團的連結基礎原本是「生產」，現在則改以「精神」為基礎。

以精神聯繫為基礎的家庭，會促使成員向內凝聚，於是產生了隱私觀念，家庭同時也成為逃避社會攻擊的庇護空間。

另一方面，家族關係與家庭環境也將個人困在家庭的束縛當中，奪取個別成員的活力，規範、抑制了個人的表現空間。換言之，「精神上的聯繫」這種新興的家庭概念，折斷了個人自由飛翔的翅膀，營造出難以發揮所長的狀況。

Ⓑ 從家庭概念閱讀《吊橋上的祕密》

接下來，讓我們援引古畢恩和霍爾斯坦的討論解讀《吊橋上的祕密》這部作品。

繼承家業的阿稔懷有強烈的家庭概念，十分重視家族關係，盡力加以維持。換句話說，阿稔受到家庭概念束縛，因而失去了個人的自由與活力。弟弟阿猛則正好相反，掙脫了家庭束縛，在外自由飛翔。正因如此，阿猛明明無意認真與智惠子交往，也知道哥哥對智惠子有好感，卻仍然跟她發生了關係。

然而，阿猛雖然盡情謳歌自由的美好，這並不代表他心中完全沒有家庭概念。所以他橫刀奪愛之後，才會對哥哥心懷愧疚，謊稱和智惠子去了居酒屋，隱瞞自己不老實的行為，試圖維持兩人之間的兄弟關係。再加上智惠子意外死亡，對阿猛來說，他前一晚的背叛行為成了永遠不為人知的祕密。

正當阿猛心裡這麼盤算的時候，卻從父親口中得知智惠子根本不能喝酒。阿猛原以為哥哥心裡的手足之情堅不可摧，沒想到阿稔那句「很纏人吧……喝酒的時候」其實是故意設局試探弟弟，他早就識破了阿猛的謊言。再加上鑑識結果顯示智惠子體內留有精液，當庭揭露了她死亡前一天與人發生性關係的事實。哥哥早已看破阿猛的手足之情只是做做樣子，打從一開始就不相信他。

這件事使得努力順從家庭概念的阿猛感到空虛不值，令他心生怨念，腦海中事故發生時的記憶，也隨之轉變為哥哥將智惠子推落吊橋，因此才會在法庭上說出那番證詞。

蘇格蘭精神科名醫連恩（Ronald David Laing）在《家庭的政治》（*The Politics of the Family*）當中有這麼一段討論：

「家庭」是維繫家族成員的媒介，一旦失去了這層聯繫，成員之間的關係將會變得非常薄弱。當某位家庭成員想將「家庭」排除在自己的體系之外，或是解散自己內心的「家庭」、希望藉此脫離家庭，這就是危機來臨的時候了。身在家庭內部的時候，「家庭」感覺就像是全世界。

《家庭的政治》

根據連恩的說法，我們可以這麼解讀：

阿猛活得自由奔放，在他的生活體系當中，聯繫家族成員的「家庭概念」十分薄弱。相較之下，哥哥阿稔的家庭概念強烈，從他的生活體系看來，弟弟是脫離家庭之外的人物。吊橋上的事件成為導火線，揭露了兄弟雙方或多或少都想把對方排除到自己的體系之外。這也就是家庭（兄弟）關係產生裂痕，家庭面臨危機的時候。何況兄弟倆是因為母親的法事才開始面對彼此，對於身在這個空間的兩人而言，家庭感覺就像世界的全部。

阿猛雖然當庭說要「找回我原本的哥哥」，卻一次也沒有去探監。到了阿稔快出獄的時候，一向十分敬重阿稔的晚輩洋平前往拜訪阿猛，敦促他一起去接阿稔回家。但是，引用連恩的說法，當事人可能體會到「破壞『家庭』是比殺人更罪無可赦、比自殺更自私的事」。誠如這段話所說，阿猛已經與哥哥斷絕關係，實在無法去迎接他回家。

「阿猛，我真的不懂。你那時候不是說，一切都是為了找回自己的哥哥嗎？不是為此才出來攪局嗎？」

洋平的左頰陣陣顫抖。

「我不懂。要是換作我是弟弟，我絕對不會幹出這種事。我一點也不覺得你這樣是在替天行道。」

《吊橋上的祕密》

洋平抱有強烈的家庭概念，認為不惜說謊也要保護哥哥才稱得上兄弟，他無法原諒阿猛的作為。洋平離開之後，阿猛回到房間，看見存放八毫米底片的箱子，母親的字跡在上面寫著：「蓮見溪谷 S55・9・8」，是阿猛五歲時拍的相片。阿猛打開幻燈機，將底片投在牆上，那是父親和兩個孩子一起在河邊玩耍的景象。在岩地的一景，哥哥先攀上了岩石，緊緊握住弟弟伸過來的手，準備把弟弟拉上來。這時候，阿猛突然回想起吊橋事故的記憶，那是智惠子不小心掉下吊橋，阿稔緊緊抓住她的手，拼命想救她上來的印象。

任誰看來都顯而易見，直到最後我都是奪取的一方，哥哥才是被剝奪的一方。但是，在這一切都飄搖不定、脆弱無常的洪流當中，確實架著唯一一道岌岌可危的窄橋，而跨出橋板之外的人是我。

……

腐爛的橋板有沒有可能恢復新生，毀朽的欄杆有沒有可能挺過風霜？那座橋還架在那裡嗎？

（前揭作品）

即使是親眼目擊的景象，記憶中的印象都會在自己與對方的關係影響之下產生變化，西川導演以電影為媒介，表現出這件事的可怕之處。不僅如此，家庭概念作為精神上的聯繫，也是近代以後才塑造出來的觀念，家庭關係只是成員之間彼此建立起來的一種連結。這部片以兄弟關係為焦點，將這種觀念拍成了影像。換言之，家庭（手足）概念只是沒有實體的幻想，重點在於築起心之橋梁，這就是《吊橋上的祕密》帶給我們的訊息。

接下來，讓我們以齊美爾（Georg Simmel）的《橋與門》（*Brücke und Tür*）為基礎，思考時而結合、時而斷裂的手足關係。

③ 手足關係的結合與斷裂

Ⓐ 從齊美爾解讀《吊橋上的祕密》

根據齊美爾的說法，雖然外界的事物或現象進入我們眼中時是一個整體，但同時也是各自分裂、封閉的世界。舉例來說，看向書桌的時候，我們雖然會看見與空間合而為一的整體形象，但同時也會理解書桌上的書、原子筆等等都是個別存在的東西。人類的知覺同時能建構上述兩種意涵，它能將外界的事物、現象彼此連結，或是切斷關聯。

齊美爾以「橋」的比喻，說明人類連結事物的意志。河岸也是河川的一部分，但我們卻將兩者切割開來，分割了河岸與河川。但是我們同時也會在河川兩岸各選出一個隨意地點，在意識當中使它們彼此產生關聯。以主觀的方式，隔著河流選出兩個地點，然後嘗試將它們彼此結合，最後具現出來的就是橋梁。換言之，橋梁是人類連結意志的具體形態，具有象徵性的意義。

以人際關係來說，兩個人之間要產生關聯，前提是彼此之間必須先有隔閡，就像必須先有河流的兩岸，橋梁才得以存在。這麼說來，友情也好、戀愛也罷，一段關係的開始都是先找到對象，然後使對方和自己產生關聯。從前的婚約則是出於某種目的，由親戚搭起橋梁、湊合男女雙方，當事人則沿著這座搭好的橋梁慢慢培養感情。

假如以齊美爾的「橋」來解讀阿稔與阿猛之間的關係，可以說這對兄弟之間的橋梁並非堅不可摧，只架著搖搖欲墜的狹窄吊橋。兄弟倆之間的連結雖然薄弱，但好歹還算彼此相繫。阿猛站上應訊台的瞬間，等於是截斷了兩兄弟之間的這座橋梁，但是看見母親留下的八毫米底片，他又回心轉意，想要恢復與哥哥之間的聯繫。從這一點我們也可以看出，兄弟關係並不是基於科學上的血緣產生的、實際的連結，而是像

圖三《吊橋上的祕密》當中的位置關係

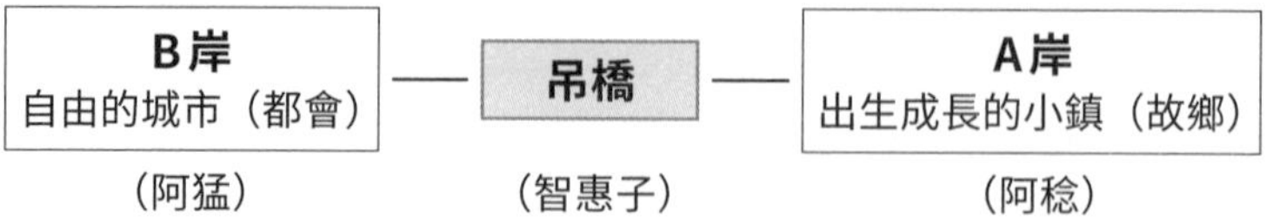

「橋」一樣，分隔兩地的兩個人向彼此伸出手，構築起精神上的聯繫。

如果將齊美爾的「橋」再以我自己的方式稍加延伸，電影《吊橋上的祕密》或許也可以用圖三的方式來解讀。

假如把鄉下與都會之間的聯繫比作吊橋，在故鄉繼承家業的阿稔就是A岸，到都會自由生活的阿猛則是B岸。

若是齊美爾論述當中的橋梁，兩岸之間可以自由往來；但是哥哥被家人困在鄉下小鎮，對岸的弟弟則在城市中自由生活，兩人的生活基盤已經各自固定。智惠子位於兩岸之間，她想捨棄偏鄉小鎮，追尋屬於自己的自由。

阿猛從A岸渡過吊橋來到B岸，像是要甩開昨晚發生關係之後窮追不捨的智惠子一樣。智惠子追著阿猛走上吊橋，希望這次終於可以離開A岸到B岸去。但是阿猛根本無意認真經營這段關係，身在A岸的阿稔因此試著阻止智惠子繼續追隨阿猛的腳步，而智惠子空懸在兩兄弟之間，最後摔落河中。這就是我的解讀。

④ 拍攝照片的意涵

Ⓐ 剝取世界的一部分

與哥哥切斷聯繫之後，促使阿猛重新採取行動、修復兄弟關係的契機，是母親留下來的八毫米底片。在此我想援引蘇珊・桑塔格（Susan Sontag）的《論攝影》（*On Photography*），討論影像是如何喚醒阿猛的意志，讓他重新架起兄弟之間的橋梁。

桑塔格認為，照片是一種為觀看者指出「該觀看什麼」的存在。換言之，照片會將我們有權目擊、拓展哪些事物的觀念與倫理強加於我們身上。

此外，「拍攝照片」等於是把照片中拍到的事物納為己有，蒐集照片同時也意味著蒐集世界。按照這個說法，我們拿著相機、按下快門的動作，等於是把某件事物視為珍寶，從世界當中將它切割下來、據為己有。拍照的時候，我們以鏡頭「瞄準」攝影對象，從這個詞彙也可以看出攝影帶有「攻擊性」的意涵。因此，攝影集也就等同於自己從世界上搜刮來的收藏品。

尤其拍攝婚紗照、家族合照等紀念照的習慣，最早也是來自於近代工業化推展至一定程度的歐美各國。背後的原因在於，儘管家庭成員應該擁有精神上的聯繫，但是父親在職場忙碌、母親持家、孩子到學校上學，彼此有所交集的地點和時間都逐漸淡薄。這個現象動搖了家庭制度的基礎，所以才以紀念照片、家族相簿的形式，將日漸疏遠的親戚往來、多有摩擦的家庭生活留存下來，彼此確認家人之間的羈絆。從這一點看來，照片已經成為家庭生活的一種儀式了。

Ⓑ 從桑塔格閱讀《吊橋上的祕密》

母親拍攝的「蓮見溪谷 S55・9・8」底片當中滿是父子和睦的影像，處處可見哥哥保護弟弟的手足之情。它拍出的正是母親最珍視的家族牽絆，而位於影像中心的人是阿猛。這些由連續照片構成的影像，全都反映了拍攝者的意念。

正因如此，阿猛看了這些影像，才會接收到母親想要表達的訊息：「能挽回兄弟情誼的人是你。」進而促使他採取行動，修復兄弟關係。換言之，母親從過往日常中擷取的影像打動了阿猛，改變、拓展了他的觀念。

另外，也可以這麼說：正因為阿猛自己身為一位攝影師，所以才能理解母親是透過相機，將家庭概念以有形的方式保留了下來。這麼想來，西川導演凌駕了桑塔格的《論攝影》，將阿猛的職業設定為攝影師，這巧妙安排實在令人嘆服不已。

《吊橋上的祕密》提出的印象問題，旨在點醒我們心中的所有印象，都是藉由我們與他人、與社會之間的關係建立起來的。假如將社會上形成的印象稱為「社會知覺[17]」，那麼這一章的討論仍然只是一個開端；社會學重視人與社會的關係，這個主題自然能引發我們無窮的興趣。

17 作者註：社會知覺（social perception），指的是隨著個人的人格特質與社會地位，或是時代以及社會價值觀不同，對事物的理解也會產生差異。

▶▶ 深入探討

1 西川美和導演指出，電影《吊橋上的祕密》是以芥川龍之介的《竹林中》（藪の中）為靈感來源。《竹林中》含有解讀社會與人群的線索，請採用前一章提到的「動機語彙」，試著解讀《竹林中》這部作品。

2 根據皮耶·布赫迪厄《中等藝術：論攝影藝術的社會功能》（*Un Art moyen. Essai sur les usages sociaux de la photographie*）的觀點，隨著攝影者的社會地位不同，拍出來的照片也有所差異，請試著查詢相關資料。

第十章

影像與文學的啟蒙批判——從《輕蔑》談起

造成猶太人大屠殺這種大規模虐殺行為的，並不是什麼特異的人類，而是不帶任何魔鬼要素的「平凡之惡」。企圖以「我一直都反對這麼做」正當化自己的行為，以及毫不反省、缺乏思想的人性，正是我們當今面臨的問題。

那是什麼時候的事呢……？

我一直想不起來自己是什麼時候看了影壇巨匠尚盧・高達（Jean-Luc Godard）導演的電影《輕蔑》（*Le Mépris*）[18]。

令我震撼的是電影開場那一幕。當年迷倒全球男性的美女演員碧姬・芭杜（Brigitte Bardot）全裸俯臥在床上，大銀幕上毫無保留地映出她的裸體，一個男人依偎在她身旁，掌心撫過她的髮絲、肩膀，兩人對彼此吐露愛意，這段刺激感官的影像深深吸引了我。

但是回頭一查資料，這部帶領我走進肉欲世界的電影竟然是一九六四年上映的。假如真是如此，算起來我當時才十二歲，那就是在國中一年級時看這部片的了。從小學開始，我就在親戚家讀過《明星》、《平凡》、《銀幕》等藝文、電影雜誌，確實算是相當早熟的孩子，但是真的早熟到會在那個年紀特地到電影院觀賞《輕蔑》這部電影嗎？可能是幾年後再度上映，或是在電視上播放時看到的也不一定。

直到念研究所的時候，我才了解《輕蔑》不只是一部甜美的戀愛電影，同時也對現代社會提出疑問。當我閱讀社會學家霍克海默（Max Horkheimer）與阿多諾（Theodor Ludwig Wiesengrund Adorno）的《啟蒙的辯證》（*Dialektik der Aufklarung:*

Philosophische Fragmente，以下除特別討論之外，皆以阿多諾為作者代稱）時，這部電影突然從我腦海中浮現。

《輕蔑》描述曾經相愛的兩人逐漸走向關係破裂，閱讀原作可以發現，故事當中依稀藏有《啟蒙的辯證》的脈絡[19]。聚焦於現代夫妻關係的同時批判現代社會，義大利作家艾伯托・莫拉維亞的論述筆力連社會學家都自嘆弗如，令我嘆為觀止。

作家莫拉維亞向我們揭示文學具有一種力量，能使人停下腳步，重新審視人與人、人與社會的關係；導演高達則向眾人證明，電影也能發揮同樣的力量。在這一章，就讓我們一邊讚揚這兩位媒體文化巨人的偉業，一邊解讀《輕蔑》這部作品吧。

---

18 作者註：《輕蔑》，一九六三年由法國、義大利合作拍攝。

19 作者註：《啟蒙的辯證》與《輕蔑》皆以荷馬的《奧德賽》（*Odyssey*）為議論材料，雖然只是推論，但從發表時間看來，莫拉維亞和高達很可能都讀過《啟蒙的辯證》。不過，假如雙方都沒有讀過此書，莫拉維亞卻以文學講述了其中精髓，高達再將之拍成電影，那麼媒體文化巨擘凌駕社會學的視野真是太令人感佩不已了。

①何謂《輕蔑》

Ⓐ那一夜

在我看過的所有電影當中，《輕蔑》的餐廳那一幕留下的印象特別強烈。

遲到的李卡德趕到餐廳赴約，一打開門，銀幕上映出桌邊兩人的身影。李卡德的妻子艾蜜莉亞身著一襲紅色洋裝，美艷動人，但她看向丈夫的眼光卻彷彿想向他暗示什麼。電影製作人巴提斯塔坐在艾蜜莉亞旁邊，正盯著她的臉跟她說話。

李卡德不僅沒有接收到妻子欲言又止的眼神，甚至連看都不看她一眼，直向製作人賠罪，說自己是因為和導演開會才會遲到。巴提斯塔對他的態度漠不關心，馬上又將視線轉回艾蜜莉亞身上。

這時鏡頭從艾蜜莉亞的腳尖、腳踝、小腿，一路往上拍到腰、胸部、臉龐，運鏡由下而上舔舐她全身，鏡頭彷彿成了巴提斯塔的眼睛，侵犯艾蜜莉亞的身體。

面臨男性的視姦，艾蜜莉亞以眼神向丈夫求助：「你沒看見嗎？」但是丈夫李卡德正拼命討好製作人，再次忽視她的求救訊號。

不好意思，在各位沉浸於《輕蔑》[20]的世界時，容我告訴各位一件事：我重看DVD確認的時候，發現令我印象深刻的這段餐廳場景並不存在。不只這樣，原作小說也沒有這段描寫。

既然如此，為什麼這段在餐廳發生的劇情會加入我的印象之中，成為我獨創的《輕蔑》呢？大概只有這個可能：我自行解釋了高達導演透過影像表達的眾多場景，又加入了個人經驗當中的各種情報與知識，創作了這一段劇情。

此外，原作當中也有關於「那一夜」的描寫，講述晚餐後離開餐廳時發生的事，這也是導致妻子輕視李卡德的開端。

晚餐後，巴提斯塔坐上紅色的雙人跑車，邀請李卡德夫婦到他的宅邸作客。但是跑車只有副駕駛座一個空位，巴提斯塔指名要艾蜜莉亞上他的車。不知所措的艾蜜莉亞以眼神向丈夫求助，丈夫卻要她快點答應巴提斯塔的邀請。

20　作者註：電影中的人物名稱為丈夫：保羅，妻子：卡蜜兒，製作人：傑瑞米，導演：弗里茨・朗（Fritz Lang）。本章統一以小說原作人名稱呼，分別為丈夫：李卡德，妻子：艾蜜莉亞，製作人：巴提斯塔，導演：萊戈魯特。

> 現在這麼寫著，一種想法伴隨亢奮感在我腦海中甦醒。妻子在巴提斯塔旁邊坐下，車門還沒關上，她坐在車上，向我投來摻雜著不安、祈禱、怨恨的目光。而我視若無睹。
>
> 《輕蔑》

莫拉維亞在小說開頭插入這段「那一夜」發生的事，作為象徵這部小說故事的一幕。看來我是將艾蜜莉亞搭上跑車之前的情景，代替高達導演創作成影像了。不過，別笑我自賣自誇，我這段自創的餐廳劇情掌握了《輕蔑》的本質，拍得還不錯吧！

Ⓑ「我瞧不起你！」

李卡德勒緊褲帶買下了妻子朝思暮想的高層公寓，但是到了每個月付貸款的時候，他總覺得買這房子超出自己的負荷能力，心中對妻子多有怨言。這時候，一位美國電影製作人巴提斯塔邀請他幫忙撰寫劇本。有了這份高收入的工作，李卡德放下心中一塊大石，以為這下就能安穩生活了。不料這位製作人是個有錢的花花公子，開始對艾蜜莉亞展開熱烈追求。

李卡德對妻子的要求頗強人所難，他希望妻子保守貞節，同時不要得罪雇主巴提斯塔。另一方面，他心裡仍然懷疑巴提斯塔與妻子之間關係不純。本來李卡德的如意算盤都打好了，只要工作進展順利，生活有了餘裕，一定也能討妻子歡心；沒想到他不僅沒算準，還發現妻子的愛蕩然無存。他質問艾蜜莉亞愛情冷卻的原因，還想強行侵犯她，妻子在這時吐露一段壯烈告白：

「我瞧不起你，被你碰就覺得毛骨悚然！你說想知道事實？我瞧不起你，看見你這個人就心裡作嘔！這就是答案！」

（前揭作品）

背負著夫妻關係的裂痕，兩人來到義大利卡布里島的拍攝現場，巴提斯塔在這裡坐擁一間別墅。李卡德親眼看見艾蜜莉亞和巴提斯塔在別墅窗邊接吻，到了這時候，李卡德才終於決定推辭編劇工作，他告訴艾蜜莉亞：「他竟然敢打我太太的主意，我不收這種男人的錢。」

但是艾蜜莉亞聽了，卻覺得他是只靠一張嘴、沒膽量實行的男人。李卡德難以忍受失去妻子的愛，於是詢問妻子輕視他的理由。

「因為我瞧不起你這種人！不管再怎麼努力，你這個人的本性不可能改變！」

「那你說，我到底是哪種人？」

「哪種人？我怎麼知道，這不是你自己最清楚嗎？我只知道你算不上男人，沒有男子漢該有的作為！」

（前揭作品）

Ⓒ 文明開化後人類的野蠻性——讀《奧德賽》

不幸的是遭到妻子輕視「你算不上男人」的丈夫呢，還是不得已只能輕視丈夫「算不上男人」的妻子呢？《輕蔑》的日譯者大久保昭男，在〈後記〉這麼寫道：

十九世紀小說眾多主角的孤獨，都是來自愛人暫時離開或死亡產生的孤獨。

但是在莫拉維亞這部作品當中，主角的孤獨則是相伴身邊、卻不可能彼此理解的孤獨，這也就是現代的孤獨，是一種形而上的、無解的孤獨。

形而上（metaphysics）這個字含有「抽象、難解、難以捉摸」的意涵，同時帶有「形上學」的哲學意義，看來大久保也領會了《輕蔑》當中潛藏的哲學幽香。《輕蔑》的故事當中，製作人想將荷馬的《奧德賽》改拍為電影，而副標題為「哲學片段」的《啟蒙的辯證》一書，也一樣採用《奧德賽》為討論題材。

首先，《啟蒙的辯證》的問題意識在於：「為什麼人類會在邁入真正文明狀態的同時，又陷入一種新的野蠻狀態？」

阿多諾於一九三三年到一九四四年之間執筆本書，當時他看見的是納粹主義、史達林主義這兩種野蠻。希特勒虐殺六百萬名猶太人，社會主義方面則有獨裁者史達林流血肅清，世界一片黑暗無光。一九四七年《啟蒙的辯證》出版前，日本的廣島、長崎更是以打擊極權主義、守護民主主義為由，被投下兩顆原子彈，這些事件無一不是人類進步所帶來的野蠻性。

阿多諾的疑問在於，既然人類思考的方式已經離開咒術、魔術，不再認為神祇與自然界的精靈是導致各種自然現象的原因，逐漸走向鑽研知識的理性思考，為什麼還會做出這麼慘絕人寰的事情？換句話說，原本無知的人類逐漸走向文明開化（啟蒙），習得了正確的知識、開始理性思考，為什麼現在卻演變成另一種野蠻世界？

阿多諾著眼於《奧德賽》作為解答這個問題的關鍵。

荷馬史詩《奧德賽》是特洛伊戰爭之後的故事，描述英雄奧德修斯花費二十年、克服眾多難關，終於回到妻子守候的家鄉伊薩卡。阿多諾指出，奧德修斯這位英雄飽嘗千辛萬苦，歷經艱險命運、從險境生還的經歷，凸顯的是啟蒙與神話對決的態勢。

在大自然的暴力面前，奧德修斯的肉體顯得何其渺小，但是他仍然不畏死亡，倚賴知識求取生存。

> 詭計，是「自我」克服冒險旅程、為了自保而捨棄自我時運用的道具。乘船的奧德修斯就像來自文明國家的旅人欺騙未開化的原住民族，拿七彩玻璃珠交換他們手中的珍貴象牙一樣，瞞天過海逃出自然界眾神的魔爪。
>
> 《啟蒙的辯證》

然而奧德修斯沒有注意到，用來欺騙、構陷別人的巧妙詭計，同時也具有貶抑自我的危險性。位於自我以外的自然界逐漸受他支配的同時，他也必須培養出克服誘惑的耐力；但是要求自己忍耐，就等於是否定自我與生俱來的自然性質，並逐步加以支配。

換言之，人必須否定自己的生之欲望，才能達到控制、支配自我的目的，可見人類運用科學技術、理性邏輯等工具理性進行控制、支配的對象不僅限於自然界，人類自己也隸屬於支配對象當中。

今村仁司《思想的星座》（思想の星座）當中這段歸納非常切中要點：

> 也就是說，「支配自然」不只是支配外部的自然，同時也支配了人類內在的自然。理性原本是為了人類的自我保存（Selbsterhaltung）而存在，起碼這才是理性的理想狀態。換言之，理性本來應該以獨立與自由為目標才對。但是如今理性卻分割了自我，在自我內部創造出應該支配的對象，建立起「支配─服從」的結構。
>
> 《思想的星座》

就這樣，納粹主義宣揚亞利安人的優越，催生出反猶太主義，進而對猶太人執行大屠殺；而聯合國則為了守護民主主義投下原子彈。阿多諾指出了上述的野蠻性，也可以說它是人類走出魔法、神話的世界，受到啟蒙與理性的解放，擁抱文明之後必須付出的代價。

Ⓓ 從《輕蔑》看見奧德修斯的影子

故事中的導演萊戈魯特要將《奧德賽》改編成電影，莫拉維亞假借這位導演之口，說出他自己對《奧德賽》的理論。

當中特別著眼於奧德修斯花費了二十年的漫長時間才終於歸國，萊戈魯特認為背後的理由是對於王妃潘妮洛碧愛情的不信任感。可以說對於妻子愛情的不安，正是《輕蔑》這個故事的關鍵所在。

奧德修斯[21]害怕得罪王妃的追求者，我們還不知道這是為什麼，但是不難推測出背後的理由。身為一個有理智的人，他刻意不把追求者的行為當作一回事，這是因為他知道自己的妻子能保守貞節，所以人家送給妻子的禮物，他也當作沒看見。

《輕蔑》

也就是說，面對追求美麗王妃的眾多男性，奧德修斯並沒有斬釘截鐵地拒絕，而是要求王妃招待他們，別害他們不愉快。

> 當然，奧德修斯不會鼓勵潘妮洛碧向追求者點頭，但是同時也希望潘妮洛碧不要破壞他們的心情……奧德修斯想平穩過日子，討厭把事情鬧大。潘妮洛碧無法認同丈夫這種消極的性格，她失望鬱悶，心中猜疑漸深，起而表達不滿、反抗丈夫。但是奧德修斯不為所動，認為這不是該生氣的場合，於是再次勸說妻子接受追求者的禮物，和顏悅色招待他們。畢竟這對他來說根本不會造成任何一丁點痛苦。就這樣，潘妮洛碧終於接受了丈夫的建議……但同時，心中也開始對丈夫

21 作者註：原作日譯本《輕蔑》將奧德修斯的名字寫作英語讀法「尤里西斯」（ユリシーズ）。本章為求論述過程中人物名稱一致，引文中相同人名皆改以「奧德修斯」表示。

抱有深刻的輕蔑。

（前揭作品）

參加特洛伊戰爭之前，奧德修斯便已經感受到妻子對他的輕蔑，因此才坐立難安，不知道潘妮洛碧會如何看待戰後歸國的自己。根據萊戈魯特的解讀，奧德修斯是擔心回到家鄉會看見王妃對他的愛已經蕩然無存，所以才再三拖延，遲遲沒有回國。

伊薩卡王位懸缺，美麗的王妃潘妮洛碧正等待國王歸國，數以百計的追求者聚集到王妃跟前。人們大都認為國王已經亡故，眾多追求者占據宮殿，等候王妃做出決定。至於王妃，她並沒有拒絕前來追求的男性，反而加以款待，像是給予他們一線希望一樣，一天拖過一天。

回到伊薩卡的奧德修斯，心中對於潘妮洛碧是否仍愛著自己感到不安，打扮成乞丐接近她。接著，他開始思考如何排除眾多追求者，以奧德修斯的身分重返王位。他的策略是用一把收藏在王宮武器庫當中的弓，決定誰才是首屈一指的強者，拉開這把弓、射中箭靶的人，便能贏得王妃作為獎賞。

但這把弓其實是奧德修斯自己的弓，只有他拉得開，因此為了紀念國王勇猛的武力，才收藏在武器庫裡面。在兒子泰勒馬科斯協助之下，這把弓和附屬的箭筒一起設置在宮殿當中。

競技揭開序幕，但是誰也拉不開這把弓。最後，奧德修斯以乞丐的打扮登場，堂堂拉弓射穿了箭靶，接著他不僅表明了自己的身分，還將追求者全數屠殺殆盡。

針對奧德修斯這種野蠻的態度，萊戈魯特這麼說：

我發現這種行為完全不符合奧德修斯的性格，他本來是聰明狡猾、能屈能伸、細膩周到、判斷敏銳、做事謹慎的人。因此我想，奧德修斯是可以把那些追求者趕出宮殿，不動手殺死他們的，以他的地位一定做得到。他是一家之主，是那個國家的王，理論上他只要表明自己的身分就夠了。但是他沒有這麼做，其中一定有什麼理由。這理由是什麼？很明顯，他想要表現自己並不只是聰明狡黠、思想靈活，不只做事周到謹慎、判斷力敏銳，而且必要的時候，也能像阿賈克斯（Ajax，希臘神話英雄）一樣凶猛、像阿提拉（Attila，匈奴王）一樣殘虐、像阿加曼儂（Agamemnon，希臘神話中的阿戈斯國王）一樣冷血。好，那他究竟想向誰表現這一點？不用說，當然是潘妮洛碧。

（前揭作品）

萊戈魯特認為，奧德修斯屠殺追求者的這種殘暴做法，是為了取回潘妮洛碧的愛與尊敬。但是李卡德不同意導演這方面的意見，他認為假如以這種方式將奧德修斯的心態拍成電影，「恐怕會將奧德修斯描寫成沒有風骨、缺乏品格，連禮儀都不懂的男人」。

面對李卡德的反對意見，萊戈魯特毫不退讓，他將奧德修斯定位為遵從理性聲音的文明人，「他賢明、客觀，真要說的話還符合科學原則」。

話雖如此，奧德修斯可是為了取回愛與尊敬不惜大開殺戒，萊戈魯特卻認為這種野蠻的行為才是文明人的證據，聽來不免令人疑惑。不過，假如參照《啟蒙的辯證》的理論，那就可以理解了。

阿多諾的論述認為，與自然奮戰的文明人正是因為在啟蒙之後獲得知識，擁有敏銳的判斷能力，所以才會以啟蒙的智慧將人類列入控制的對象，發展出野蠻性。雖然前文已經提過了，不過我們再將奧德修斯帶入這個理論看看：他一向要求妻子以和為貴，避免和追求者撕破臉，但這種文明面帶來了野蠻性；既然追求者想趁隙奪走王妃、不顧情義，那殺了他們也是情非得已。文明人就是這樣走上大屠殺的不歸路。

話說回來，李卡德卻沒有辦法為了贏得愛與尊敬，顯露出奧德修斯那種文明人的野蠻性。換言之，一面將妻子獻給巴提斯塔，一面要求妻子守貞的野蠻，正是阿多諾提出的「文明人的野蠻」。然而，在現代這個高度資本主義的制度當中，成為支配對象的不再是人類全體，控制、支配自己內在的自然才是目標所在。

莫拉維亞以《啟蒙的辯證》為基礎，假借萊戈魯特導演之口，將奧德修斯的所作所為與故事中的李卡德重疊在一起。但是莫拉維亞《輕蔑》的重點在於，李卡德乍看之下像是文明版的奧德修斯，實則又寫出了他不同於奧德修斯的一面。

換言之，莫拉維亞讓萊戈魯特說出阿多諾的解讀，從中延伸出來的想法則透過李卡德表達，從李卡德的說法即可看出端倪：「即使導演的解釋在歷史領域說得通，但是到了超越時間與空間的個人內在領域、意識領域呢？我不覺得這種說法一樣適用。」李卡德對照自己面臨的夫妻問題，做出以下結論：

> 她說我「算不上男人」……要了解艾蜜莉亞對我的態度，關鍵也許就藏在這段話當中……事實上，這段話用反面的表達方式，敘述了艾蜜莉亞心中對於男性

的理想。

（前揭作品）

李卡德雖然是個文明人，不希望得罪別人，卻又無法成為像奧德修斯一樣，為了贏回愛與尊敬顯露出文明人的野蠻性。就像導演以「傳統的人類」形容接納了奧德修斯野蠻性的潘妮洛碧，李卡德甚至無法向艾蜜莉亞顯露文明人的野蠻性，他已經徹底控制了自我。

莫拉維亞筆下的現代男性，認為經濟上的富足是建立平穩夫妻關係的基礎，卻交由妻子負責維持與上司之間的關係，不願付諸行動贏取愛與尊敬。這種行為反而成為更激進的野蠻性，折磨對方的精神，最後又造成迴力鏢效應，害得自己嘗到苦果。

換句話說，莫拉維亞延伸了《啟蒙的辯證》當中的論述，直指現代男女關係的病灶，向生活在日常當中的我們提出疑問。

② 漢娜・鄂蘭的指謫

哲學家漢娜・鄂蘭（Hannah Arendt）也和阿多諾一樣目睹了大屠殺這種文明人的野蠻性，進一步提出相關討論，揭露了現代人的病灶。讓我們從鄂蘭論述的角度，審視莫拉維亞所指出啟蒙化面臨的新興問題。

鄂蘭是猶太人，從納粹抬頭的德國流亡到美國，她的著作《平凡的邪惡：艾希曼耶路撒冷大審紀實》（*Eichmann in Jerusalem: A Report on the Banality of Evil*），記錄了猶太人大屠殺時扮演關鍵角色的阿道夫・艾希曼受審判的過程。

一九六〇年，前納粹武裝親衛隊（SS）高官艾希曼逃亡到阿根廷，在當地遭到以色列特務機關（摩薩德，The Mossad）綁架、逮捕，於以色列法庭受審。這次審判受到世界矚目，鄂蘭為了撰寫旁聽實錄，自願擔任雜誌《紐約客》（*The New Yorker*）的特派記者。

她的旁聽紀實在國際掀起一陣轟動，當中指出以色列逕行綁架艾希曼的行為違反法律規定；以及艾希曼理應於德國受審，卻在以色列開庭審判，有程序不當之虞；此外，更指出猶太領袖協助執行大屠殺的問題。由於鄂蘭自身的猶太人身分，此舉受到猶太同胞激烈抨擊。

然而這正是鄂蘭的卓越之處。

我們總是難免偏袒自己的國家、民族，而且面對歷史上曾經有過悲慘遭遇的受害者，更容易噤聲不提自己的意見。鄂蘭超越了本國中心主義這種偏狹的民族主義，將這件事視為現代人類的問題。

基層執行人員明知道猶太人遭到移送之後將面臨殘忍的種族迫害（*pogrom*，有計畫的集體迫害、虐殺），卻沒有對掌權者提出任何異議，實行上層指令時也不抱一點懷疑。這種思考力的缺乏，正是鄂蘭透過艾希曼審判提出的問題。

> 今天朝著艾希曼說，當初應該能採取其他做法的人，要不是不了解當時情況，就是已經忘得一乾二淨了。他不想像那群人一樣，當初明明忠實達成了上級的命令，現在卻主張「我一直都反對這麼做」。
>
> 《平凡的邪惡：艾希曼耶路撒冷大審紀實》

鄂蘭指出，造成了猶太人大屠殺這種大規模虐殺行為的，並不是什麼特異的人類，而是不帶任何魔鬼要素的「平凡之惡」。鄂蘭認為，企圖以「我一直都反對這麼做」正當化自己的行為，以及毫不反省、缺乏思想的人性，正是我們當今面臨的問題。

> 極權主義的支配本質，以及所有官僚體制的性質，恐怕都會將人類變成官吏、變成行政機器中的一個齒輪，以這種方式將人非人化。這在政治學、社會學上，無疑是一個重大問題。（前揭書）

也就是說，人就此淪為一個不假思索的老實市民，忠實遵從法律與當權者的命令、執行工作，即使知道自己做的事將導致駭人的殘虐行為，不但沒有反抗，甚至絲毫不抱一點懷疑。

③ 文學與影像的向心力

鄂蘭指出的是現代人缺乏自主判斷能力而導致的野蠻性，而這一點在《輕蔑》當中的李卡德身上也說得通。

當巴提斯塔邀請李卡德夫婦前往卡布里島，艾蜜莉亞再三詢問丈夫：「你答應了嗎？」、「巴提斯塔也會來嗎？」但是面對雇主的邀約，李卡德只是忠實地點頭。只要他稍加思索，不難看出前往卡布里島赴約將會使得夫妻關係的危機成為現實，但李卡德卻像是機器裡的一個齒輪，按照上司的指示，機械化地答應所有要求。

最後，我想談談高達導演看待媒體的態度，為這個章節收尾。

電影當中的萊戈魯特導演一角，請來流亡海外的猶太裔德國導演弗里茨・朗（Fritz Lang）本人飾演。他在片中如是說：

「過去納粹試圖用刀刃改變靈魂，現在美國則試圖以金錢改變靈魂。」

這句台詞由弗里茨・朗導演本人說出，顯得更有分量。此外，高達導演也有意以阿多諾「文化工業」的概念批判美國電影。下一章我們也會談到這個概念，阿多諾批判美國文化產業將文化當作商品營利，大量製作、推銷討好大眾的音樂與電影作品。我想高達導演也是以阿多諾的《啟蒙的辯證》為基礎，拍攝了《輕蔑》這部電影，以平易近人的方式探討這個議題。

導演拍攝《奧德賽》的時候，製作人巴提斯塔不斷指示：「場面要更雄偉磅礴！」、「還要更加肉欲！」片中以製作人看待文化的態度，表現出美國是如何以資本支配影像；換言之，面對只對錢感興趣的美國電影文化產業，高達導演透過這一幕表達了他的輕蔑。

莫拉維亞與高達這兩位大師透過作品強烈告訴我們，文學、電影這些大眾媒體並不只是資本主義控制讀者與閱聽群眾的工具，它們能夠成為人們反觀自我、刺激思考的一種裝置。

▶▶深入探討

1 鄂蘭從艾希曼審判延伸出對官員一職的憂心，請以鄂蘭的論述為基礎，反思現代官僚的態度。

2 阿多諾以《奧德賽》為靈感論述文明人的處境，請試著從芥川龍之介的《地獄變》出發，思考文明人的作為。

第十一章

從《海上鋼琴師》到媒體理論

文字出現以前的文化、文字發明以後的文字文化，以及文字之後的數位文化，都影響了我們透過不同濾鏡觀看世界。媒體上的文章與表達內容並非重點，反而是新興媒體的出現改變了我們的生活環境，甚至改變了我們認知世界的知覺與思考方式。

朱賽貝・托納多雷（Giuseppe Tornatore）是我喜愛的義大利電影導演之一。最近上映的《愛情天文學》（*La Corrispondenza*）是十分優秀的作品，此外《新天堂樂園》（*Nuovo Cinema Paradiso*）和《寂寞拍賣師》（*La migliore offerta*）也都是他的知名作品。讀到這裡，相信有些讀者即使不記得導演名字，也會發現自己已經看過托納多雷的作品了。

這一章，我們從托納多雷的眾多作品當中挑選《海上鋼琴師》（*La Leggenda del Pianista sull'Oceano*，一九九八年）進行討論。這部電影由亞歷山卓・巴瑞科（Alessandro Baricco）的原作改編，提姆・羅斯（Tim Roth）主演，當中許多場景刺激觀眾針對媒體本身進行反思。就讓我們以音樂為中心，一同徜徉於媒體文化論當中吧。

① 電影《海上鋼琴師》

第二次世界大戰結束後，一九四六年。名叫麥克斯的男子由於生活困苦，打算將充滿回憶的小喇叭賣給二手樂器行，故事就從這一景揭開序幕。麥克斯為了向珍愛的小喇叭道別，珍重地演奏了最後一首樂曲。店主聽了這首曲子，突然想起什麼似地找出一張唱片，擺到留聲機上播放。麥克斯演奏的曲子理應無人知曉，這張唱片卻錄著同樣的旋律，這一點成為整個故事的關鍵。

一九〇〇年某天，往返英國與美國之間，承載歐洲移民的豪華郵輪維吉尼亞號上撿到了一名棄嬰。船上的燒煤工人丹尼成為嬰兒的養父，由於撿到他這一年是西元一九〇〇年，便將嬰兒取名為一九〇〇。

養父丹尼因事故身亡之後，一九〇〇來到大廳，將手指放上鋼琴鍵盤。沒有任何人教他彈琴，優美的琴音卻從他指尖流洩而出，天才般的演奏水準深深吸引了船上的水手和船客。一九〇〇就此成為船上樂隊的一員，他的名聲從海上傳播到了陸地。後來麥克斯上船擔任小喇叭樂手，成為一九〇〇的摯友。

鋼琴好手傑利聽說一九〇〇的傳聞，搭上維吉尼亞號，與一九〇〇一決雌雄，兩人的鋼琴演奏對決也將劇情帶到高潮。一開始，一九〇〇聽了傑利美妙的演奏感動得流下眼淚，根本算不上對決。但是傑利自滿傲慢的態度刺激了一九〇〇，他以快得看不見手指動作的鋼琴技法打敗了傑利。

唱片公司也聽說了這位天才鋼琴家的存在，來到船上錄製唱片。一九〇〇在不知道唱片製作的狀況下開始演奏，這時，他突然看見面前那扇圓窗的另一頭，有位美麗的少女現身在甲板上。一九〇〇對這位美若天仙的少女一見鍾情，愛慕之情從他指尖譜成曼妙的旋律。唱片公司的人聽了這曲子也驚艷不已，將它錄製成唱片原盤。

等到女孩離去，演奏也告一段落，唱片公司的人告訴一九〇〇，這張原盤會複製出數百萬張唱片，為他帶來名聲與財富，然後播放了剛才錄下的曲子。一九〇〇從未聽說過錄音技術，聽見自己親自以思慕譜成的曲子，竟然離開自己的手指播放出來，他大感驚訝。「這是我的曲子！」他硬是搶走唱片原盤，逃離現場。

一九〇〇想將這首藏有心意的曲子送給少女，試著向她搭話，但笨拙的他從來沒跟女孩說過話，一直沒辦法順利將唱片原盤交給她。少女即將在紐約港下船，這時候，生命中一向只有船上世界的一九〇〇終於決定走下維吉尼亞號。但是到了紐約港，他才剛走下船梯，到了半途又折回船上，一九〇〇直到最後都沒有辦法離開這艘船。

看見一九〇〇將無法交給少女的唱片摔碎，麥克斯將碎片蒐集起來，藏在維吉尼亞號的鋼琴裡面。然後麥克斯向一九〇〇道別，離開了維吉尼亞號。

過了十三年，麥克斯又與這張唱片原盤重逢。維吉尼亞號上那台藏著唱片原盤的鋼琴被賣到二手樂器店，代表這艘船要被解體了。麥克斯認為一九〇〇無法離開維吉尼亞號，一定還留在船上，於是拚命想在裝滿炸藥的船隻遭到爆破之前將一九〇〇救下船。

②邂逅的地點

一九〇〇是在往返英美之間的船上，邂逅了那位渡美少女。

史蒂芬・柯恩（Stephen Kern）從社會學的觀點出發，針對邂逅的時代性曾經寫過以下這段話。

《悲慘世界》的背景是一八一五年至一八三三年，描寫這十八年間發生的故事，這時珂賽特與馬留思相遇的地點是盧森堡公園。過了約五十年，以一八七〇年代為背景的《安娜・卡列尼娜》（*Anna Karenina*）當中，安娜則是在莫斯科車站邂逅了佛倫斯基；她是政府高官卡列寧美麗的妻子，他則是擁有貴族血統的年輕軍官。若不是鐵路這種交通工具出現，連結了遙遠的兩個地區，在此之前不可能邂逅遠方的男性，也就不可能陷入情網。也就是說，短短五十年的差距，邂逅愛人的地點已經產生了明顯擴張。

從現代稍微倒回一段時間，新幹線的誕生又近一步擴展了遠距離戀愛的可能。其中一項證據，是JR東海於一九八七年製作的「灰姑娘特快車」廣告：背景唱著松任谷由實的歌曲，畫面則播放情侶在東京車站戀戀不捨的情景。熱戀中的男女趁著週末來到東京，與戀人共度只屬於彼此的時光後，正準備搭上晚上九點從東京出發的新幹線返家。這個廣告主打的，正是有如灰姑娘「南瓜馬車」一樣的列車「HIKARI 289號」，載著有情人在換日之前回到家鄉。

不過時間來到現代，隨著網際網路誕生，培養戀情的空間、邂逅彼此的機會，都已經擴展到了世界規模。

如上所述，別說是電腦了，就連火車、汽車這類交通工具也扮演了傳遞訊息、居中作媒的角色。從這個角度看待媒體，可以發現新興媒體的誕生不僅改變人與人之間邂逅的方式，也改變了我們生活的樣貌。

③ **何謂真正的音樂？**

《海上鋼琴師》當中登場的傑利一如電影旁白所言，十四歲就在紐奧良一間妓院演奏鋼琴，揭開他職業生涯的序幕。這個人物的原型，正是爵士之父傑利・羅・摩頓（Jelly Roll Morton）。然而這位著名鋼琴家下船的時候，一九〇〇卻惡狠狠罵了一句：「去你的爵士樂！」

一九〇〇之所以咒罵傑利，是因為他提出挑戰的目的是以演奏技巧擊敗一九〇〇，態度又十分傲慢。

一九〇〇能夠看著聚集在船上音樂廳的人群，即興創作、演奏出適合每個人的曲子。即使樂團正在演奏事先安排好的曲目，一九〇〇也會配合廳內觀眾的情緒氛圍，隨興改變演奏內容。他的音樂觀，在於配合聽眾的氣氛，演奏出適合的旋律。享有名氣的傑利以演奏技巧和權威為後盾，企圖將一九〇〇貶為嘲弄對象，這種態度堪稱是一種暴力。阿多諾指出啟蒙會帶來野蠻性，我想在此談談他針對大眾文化的論述。

進入二十世紀以後，電影、廣播、唱片等大眾文化開始遍地開花。電影被稱為「電影產業」，在資本主義社會當中，「文化」與「產業」這兩個原本各自獨立的領域開始結合在一起了。面對這個現象，阿多諾認為藝術各自擁有獨特的世界，產業卻吞噬了藝術、將之商品化，他對此投以質疑的目光。

阿多諾的「文化工業」(culture industry）概念，不僅指出了音樂在資本主義之下成為犧牲品的問題，更指出文化工業提供的文化商品，只是一味鼓勵大眾投入娛樂，削弱了人們原本應該轉移到社會批判上的心力。

換言之，文化工業奪取了人們對於社會的批判精神，甚至扼殺了人們看清內心真正渴望的機會；對於統治者而言，文化工業就是最適合操控、管理大眾的工具。

德國納粹利用影像控制了人心，阿多諾選擇逃離納粹的魔掌來到美國，卻在「文化工業」當中看見，儘管美國並非極權主義國家，卻一樣利用文化作為支配大眾的工具。

然而，若以阿多諾的「文化工業」討論爵士樂，僅止於以批判的角度說明了爵士樂也受到資本主義束縛而已。黑人身處於艱苦的奴隸制度當中創造出來的爵士樂，也一樣在資本主義之下轉變為一種文化工業。

假如依照阿多諾的理論，「去你的爵士樂」這句話，就只停留在針對傑利的批判，抨擊他在文化工業的爵士領域中炫耀自己的權威罷了。換句話說，僅憑這個理論，我們無法闡明音樂的權威問題。接下來，就讓我們看看同樣試圖逃離納粹的華特・班雅明（Walter Benjamin）提出了什麼樣的媒體理論吧。

④ 這是我的曲子——消逝的靈光

錄製唱片時，一九〇〇對窗外的少女一見鍾情，「此時此地」一九〇〇的思慕，譜成了他演奏的旋律。當這曼妙的曲子被大量複製，送到無數人們的手中，它就只是一串不具意義的音符，一九〇〇對少女的愛慕也消失無蹤。一九〇〇無法接受的正是這一點。

班雅明將這種「獨一無二」、從藝術作品當中消散的概念稱為「靈光」(aura)。日本人也常使用源自英語的「aura」一詞，形容人或事物散發出來的、肉眼看不見的氛圍或氣質。班雅明的「靈光」概念取自同一詞彙的希臘語，指的是發自人物或物體的一種神祕、獨特的氛圍，是藝術作品在「此時此地」散發出來的、「獨一無二」的韻味。

以「靈光」這個概念稱呼這個過程中消散的原真性，也可以說在複製技術發達的時代當中消滅的韻味，就是一個作品的「靈光」。這個過程正是現代的特徵，它的重要性遠遠不止於藝術領域。

〈機械複製時代的藝術作品〉

（Das Kunstwerk im Zeitalter seiner technischen Reproduzierbarkeit）

如上所述，班雅明將藝術作品經過複製後消散的韻味稱為「靈光」。科學技術發達之下，帶動了複製技術的進步，「獨一無二」的創作曲壓成唱片、不斷仿製，送到數以百萬計的聽眾手中。換言之，唱片成為商品，消滅了演奏時「獨一無二」的靈光。一九〇〇不想將傾注了愛慕之情（靈魂）的曲子（靈光）交到任何人手中，因此嘶聲吶喊：「這是我的曲子！」

我們先停下來思考看看。靈光當中「獨一無二」的性質，和「真品」也有所關聯，或許這一點跟權威問題也有相通之處。

二〇一八年二月，我和家人一起到奈良縣立美術館，參觀了當時舉辦的展覽：「傳統工藝企畫展：赤膚燒、奈良一刀雕、奈良漆器——悠久之美與技藝」。

入館之前我們還在隨意閒聊，一進到美術館內便閉上嘴巴，專心欣賞館內展示的工藝品，像在鑑賞展品作工似地頻頻點頭。但是我之所以做出這些舉動，完全不是因為赤膚燒陶器、一刀雕的技藝有多精湛，也不是因為感動於展品之美。

說來丟臉，我無從得知這是多麼出色的工藝品，所以沒有辦法加以評論。儘管如此，眼前展示的可是以「悠久之美」為題的優秀作品，要是不讚嘆它的美妙，我身為參觀者的品格恐怕會受到質疑，所以才會做出這種舉動。

把各位讀者跟我這俗人相提並論實在有點失禮，不過面對專家鑑定的作品，我們是不是或多或少都曾經在不知其價值的情況下，對它行禮膜拜呢？換言之，我們在博物館或美術館當中進行的，是來到王座之前，對著當權者頂禮膜拜的儀式。

美術館、博物館當中的展品，幾乎都是歷代當權者曾經使用過的日用品、擁有過的繪畫。它們價值天價，當時的民眾無從入手，又是稀少的珍品，當這些東西陳列在我們面前，我們便加以推崇、鑑賞。換句話說，所謂的正統文化就是歷代當權者喜愛的事物，而我們將之尊崇為一種優秀的文化，在它們面前可不能失了禮數。

我的文化理解力不足以品賞藝術，以布赫迪厄的說法，就是文化資本量較少。即使是我這樣的人，看見克勞德・莫內（Claude Monet）的〈撐傘的女人〉（Woman with a Parasol）仍然覺得很美；但換作是畢卡索（Picasso）的畫，我就無法評論了。畢卡索是超現實主義的代表畫家，作品往往描繪潛意識的癲狂與幻覺，看他的畫我總是講究些雞毛蒜皮的問題，一直想著：「臉到底朝著哪邊？」、「為什麼從人身上伸出一顆頭？」所以沒有辦法沉浸到他的畫作之中。畢卡索的作品當中，有一幅題為〈格爾尼卡〉（Guernica）的畫。捷克斯洛伐克作家米蘭・昆德拉（Milan Kundera）曾在《相遇》（*Une rencontre*）當中寫道：

> 看見大屠殺的電影，人們會別開視線；但是看見〈格爾尼卡〉，明明訴說的恐懼並無二致，眼睛卻覺得它可喜。
>
> 《相遇》

昆德拉想說的是，〈格爾尼卡〉是巨匠畢卡索的作品，人們一站在它前方，也許就只能陶醉在與這幅畫的相遇之中了。

然而〈格爾尼卡〉描繪的內容，其實是一九三七年，西班牙北部巴斯克自治區一個名叫「格爾尼卡」的小城，遭到納粹無差別空襲時的慘狀。當我們看見畢卡索這幅描繪人性瘋狂面的畫作時，畢卡索創作的想法已經消失，觀者讚嘆大師的繪畫「真跡」，匍匐在它面前。此外，昆德拉認為藝術不會引發「美」之外的熱情，無法激起興奮、恐懼、嫌惡、衝擊等情緒，同書中有這麼一段文字：

看見正在小便的裸女照片，也許會使人勃起，但是換作是畢卡索的〈小便的女人〉呢——這是一幅既美妙又充滿肉欲的畫作，我卻不認為它能引發與照片相同的效果。

（前揭書）

用班雅明的話來說，畢卡索的畫作是獨一無二的作品，有它的靈光存在。觀者看見畫作「真跡」的時候，畫家在畫布上創作時的靈光早已消滅，但這幅畫仍然是「獨一無二」的「真跡」。這時候，觀者接觸到「真跡」的權威，與作品之間產生出了新的靈光。權威與傳統、正統文化密不可分，當這項要素加入了「靈光」的概念，我們就有必要加以深入檢視了。靈光與傳統彼此掛勾，賦予「獨一無二」的價值更崇高的地位，這一點班雅明也已經注意到了。

根據班雅明的說法，「真品」的概念是由原創作品僅存在於「此時此地」的特質而形成，因此才會以科學方式分析作品上附著的鏽斑，或是由專家開出鑑定書決定它的真偽。由於在歷史上具有證言力量的「真品」不接受複製，因此才會與美術館當中帶有禮拜性質的儀式產生連結。

假如經過複製導致歷史性消失，作品的權威也會受到動搖，因此「真品」必須維持它作為「真品」的價值。東京電視台的節目《稀世珍寶開運鑑定團》（開運！なんでも鑑定団）以戲劇化的方式展現「真品」、判別作品的真偽，也許就是這個節目大受觀眾歡迎的原因。

⑤ 新的靈光誕生

接下來，班雅明一方面肯定藝術作品受到禮拜的價值，另一方面則聚焦於複製技術發達之後，也跟著擴大了藝術作品展示的可能。

繪畫原本是王公貴族要求專聘畫家繪製的作品，一般人不可能親眼見到這些畫作，欣賞繪畫是專屬於一小部分人的享受。不過隨著資本家出現，從畫家、畫商處購買繪畫作品，欣賞繪畫的風氣也逐漸傳播開來。複製技術發達之後，平民百姓更可以購買便宜的複製品，在自家隨意擺飾。

音樂也是如此，原本只有國王、貴族才能聆賞管絃樂團的演奏；到了後來，平民百姓也能參加音樂會聆聽現場演奏。隨著唱片、廣播、電視普及，在一般家庭當中也能享受音樂了。班雅明討論大眾藝術的時候，不像阿多諾只聚焦於否定的面向，也說明了它值得肯定的一面：

以一般的表達方式來說，複製技術會將它複製的對象從傳統領域當中分離出來。複製技術推翻了以往作品獨一無二的常態，大量生產相同作品；這些複製品貼近每一位身在不同情況當中的閱聽人，由此創造了一種現實。

〈機械複製時代的藝術作品〉

複製技術的誕生，使得人們可以在原本不可能享受原初作品的情境當中，欣賞原初作品的仿製品。現在我們可以在車上、或躺在床上聆聽管絃樂團演奏的曲子。這時候，聆聽者和複製曲之間就誕生出了新的靈光，和原本聆聽「獨一無二」現場演奏的靈光又不一樣了。

既然如此，這就表示仿製品不會抹煞靈光，反而會催生出新的靈光。換言之，它引導出的這個靈光，便與「真品」伴隨著傳統與權威的靈光分離了。約翰・伯格

（John Peter Berger）也著眼於這一點，指出靈光擴散、增幅的現象。伯格以寫真女星的照片為例，所有消費者每一次翻開寫真集，都會產生不同於拍攝照片那一瞬間的靈光。回到《海上鋼琴師》，一九〇〇那句「去你的爵士樂！」也許帶有嘲弄傑利仰仗「真品」權威、不思進取的諷刺意味。

⑥ 音樂捎來新時代的消息

關於音樂本身扮演的角色，我想在此介紹賈克・阿塔利（Jacques Attali）聚焦於噪音的論述。

阿塔利指出，乍聽之下妨害聽覺的噪音，也會成為新形態的音樂。概略來說，木棍敲擊空罐的噪音成為鼓聲，尖銳刺耳的電子音也經由電吉他加入到音樂當中，爵士與搖滾從反抗社會的噪音當中誕生，這就是他關注的重點。阿塔利認為，音樂能夠告知我們時代變動的訊息。

阿塔利進一步主張，音樂是資本主義的雛形，是資本主義到來的先驅。資本主義必須不斷喚起群眾的欲望、創造購買需求，否則資本主義不停製造過剩商品，一旦供給超越需求，便會立刻陷入資本危機。

不過，音樂卻能催生出消費者自願購買音樂商品的意願。舉例來說，音樂本來只能在宮廷的演奏會上聆賞；現在一般民眾也能欣賞音樂，使人產生自己也能參加演奏的幻想，進而帶動了一般市民參加音樂課程，學習鋼琴、小提琴，購買價格高昂的樂器。

我念高中的時候，時不時會看見高中生、大學生抱著吉他，在車站前演唱反戰或批判社會的歌曲。但是要做到這件事，不只得買吉他，還得購買樂譜、唱片。在這條延長線上還出現了「民謠」這種音樂類型，創作歌手隨之誕生，群眾也跟著幻想自己有一天說不定也能成為音樂人。用阿多諾的話來說，這就是批判社會的目光受到文化工業牽制的情形。

音樂的消耗商品作為一種櫥窗而為人所知，賦予消費者參與其中的幻想。這種特質創造了音樂作為商品的使用價值，由我們每一個人自發生產出需求；這也就是說，它創造的不僅是需求，而是一個能夠生產出消費者的社會。

不過阿塔利也考量到音樂孤獨的一面，提到音樂屬於個人嗜好，使人封閉在自己的世界當中，自願與社會斷絕。

從這個角度審視《海上鋼琴師》，也許會讀出只能活在船上的一九〇〇孤獨的一面。

⑦ 八十八琴鍵的意義 迷亂理論

讓我猶豫不前的，並不是眼前看見的事物／

而是我沒看見的東西／

朋友啊，你明白嗎？我沒看見的東西……我試著尋找它，卻怎麼也找不著。那個無邊無際的巨大都市裡面什麼也不缺，除了我尋找的東西以外／

應有盡有／

但是沒有界線。我沒看見的東西，就是那個城市的盡頭，世界的界限／

啊，你想想看，拿鋼琴來說好了。琴鍵從這裡開始，到這裡結束。你也知道，琴鍵一共只有八十八個，這一點誰也無法改變。琴鍵有限，但是彈奏的人是無限，琴鍵演奏出來的音樂也是無限。鋼琴只有八十八個琴鍵。但彈奏琴鍵的人擁有無限。我喜歡這一點，令我安心。

這是麥克斯為了救出一九〇〇趕到維吉尼亞號時，一九〇〇對他說的一段話。

走下船梯的時候，無邊無際的世界朝一九〇〇襲捲而來。身在一個連自己立足的位置都無法確定的地方，他無法從為數眾多的道路當中選出一條路來走。一九〇〇就像活動空間受限的前近代人一樣，從小生活在船上，當他迷失在無限的空間裡頭，那種不安是我們無法想像的。

前近代人在大地上紮根，在同一處體驗無限的人生，但他們只能扮演一個無名人物，在歷史上稍縱即逝。相較之下，現代世界裡誰也不知道哪一個人、什麼時候會一夕爆紅，成為引領話題的知名人物。

對於出生在船上的一九〇〇來說，乘客的世界是船上稍縱即逝的過客，他以鋼琴來比喻，說這就像是用有限的八十八個琴鍵，演奏出無限的音樂。

在這一段當中，一九〇〇以批判的眼光，審視近代人類欲望無限上綱、異常肥大化的現象。

近代社會無限擴張人類的欲望，承受了因此引發的不滿、焦躁、幻滅，社會學巨人涂爾幹（Emile Durkheim）曾以「迷亂」（anomie）概念探討這個問題。《海上鋼琴師》當中，一九〇〇告訴麥克斯「用有限的琴鍵彈奏自己的音樂，這就是我的幸福」，可說是將近代社會的迷亂問題融入了故事當中。

換言之，主角一九〇〇在海上出生又回歸海洋，原作者巴瑞科將這位沒有存在證據的人物比為前近代人，藉著他的口說出了近代人的問題。

⑧ 媒體即訊息，媒體即按摩

以時間軸觀看世界可以發現，隨著科學技術日新月異，傳遞訊息的新興媒體也接連誕生，為我們的認知方式帶來了變化。麥克魯漢（Herbert Marshall McLuhan）對於媒體研究領域影響深遠，他曾說「媒體即訊息」，有以下這麼一段解釋。

嘗試了解廣播、電影、電視等媒體的時候，我們總是先注意到媒體表達的內容，但是麥克魯漢認為我們該注意的不是內容，而是媒體本身。

比方說，隨著智慧型手機出現，我們再也不用帶著時刻表和地圖，只要打開應用程式，就能自動導航到目的地。在音樂會之類的場合，假如找不到約定見面的朋友人在哪裡，也常常看見人們打電話、傳訊息聯絡對方，然後朝著對方揮手打招呼的情景。除此之外，隨著通訊軟體和簡訊之中的表情符號越來越廣泛，也帶來了新的煩惱：表情符號究竟代表什麼意思呢？假如收到沒有使用表情符號的訊息，那又代表了什麼意思？

就像這樣，媒體緊緊捉住大眾，搖撼、擺弄人心，我們的心扉隨之開闔，它就像在幫我們「按摩」。因此麥克魯漢將「訊息」（message）改寫為「按摩」（massage），也說「媒體即按摩」。

文字出現以前的文化、文字發明以後的文字文化，以及文字之後的數位文化，都影響了我們透過不同濾鏡觀看世界。尤其是文字文化出現之後，導致五感的比例偏向視覺，必然使得其他感官之間的比例失衡。麥克魯漢以此為例，在書中引用了柏拉圖的《費德羅篇》（*Phaedrus*）：

> 人們一旦學習文字，便會疏於訓練記憶力，健忘的性質就此根植於這些人的靈魂當中。原因無他，正是因為他們信任外在寫下的紀錄，不再依靠自己的記憶力回想。

《媒體即訊息》（*The Medium is the Massage*）

看看現代的狀況，令人聯想到記誦電話號碼這件事。以前我們還會背下朋友的電話號碼，現在有了智慧型手機，只要動動手指輕點對方的名字，就可以進行對話了。這就代表我們五感的平衡又出現了新的變化，認知方式的結構也大幅改變。麥克魯漢的理論指出，媒體上的文章與表達內容並非重點，反而是新興媒體的出現改變了我們的生活環境，甚至改變了我們認知世界的知覺與思考方式。

隨著新興媒體誕生，就連我們的五感平衡都受到改變。一九〇〇跟不上這種劇變，無法搭上近代這艘大船，因此消散在汪洋之中，連名字也沒有留下。

▶▶深入探討

1 請找找看音樂領域，或是音樂以外的文化層面，有哪些例子是一般群眾主動參加，與需求、消費產生關聯，同時又賦予人們成為巨星的幻想？

2 麥克魯漢使用了「地球村」一詞，請查詢這個詞彙，討論相關的具體案例。

結語

「社會學都在學什麼啊？」

學生時代就讀社會學系的時候，我最怕身邊的人問到這個問題。

經濟學學的是「錢」，法律系學的是「法律」，大多數人對於這些科系多少有些籠統的印象，答案太理所當然，所以大家也不會去問這些科系的學生在學什麼。即使真的有人問了，只要按照一般的印象回答，也不難使對方理解。

但換作是「社會學」，我一時間也答不上來，只能發出不具意義的「嗯……」，對方聽了也覺得尷尬，馬上換了一個話題。

話說回來，我也不是因為「想學習社會學」才進入大學的。當時我念大學只是為了享受快樂的學生生活，到哪個科系學什麼根本無所謂。更別說我報考這所大學也沒有什麼正經的理由，只是因為這裡女生比較多、校園比較漂亮，最後我考上的又剛好是社會學系而已。

即使接觸社會學的契機這麼不三不四，社會學的趣味仍然令我深深著迷，所以現在的我才身在此處。我可以肯定的是，我們活著的每一分、每一秒，隨時都以社會學的方式在思考，只是日常生活中從來沒有意識到這件事而已。

因此我想，假如將我感受到的社會學魅力傳達給各位，各位一定也會更了解社會學是怎麼一回事。之所以這麼說，是因為我曾經讀到克利弗德・紀爾茲（Clifford Geertz）《文化的詮釋》（*The Interpretation of Cultures*）當中的這麼一段話：

> 假如想了解一門學問的內涵，該看的不是理論，也不是它發掘了哪些真相，而是該看看研究這門學問的人究竟在做什麼。

我受到紀爾茲的文字鼓舞，在本書中一邊介紹「過去」與「現在」我所生活的社會，一邊介紹我與周遭人們的關係，聚焦於文學、影像作品等媒體文化，解析登場人物眼中的社會與錯綜複雜的人際關係，向各位介紹了令我深深著迷的「社會學」知識。

我認為這才是社會學應有的樣貌。

透過社會學，我可以徹底理解自己經歷的過去，豐富現在的生活，還可以看透一點點未來……假如無法發揮這些功能，社會學就不具意義了。

最後，我想對出版本書的中央公論新社表達感謝之意。編輯部的黑田剛史先生、戶谷春奈女士，感謝兩位從本書企畫階段開始，便協助打下本書的基礎。

在此特別向永井草二先生致上最誠摯的感謝。永井先生一路陪伴本書走來，感謝他溫暖的話語給了我勇氣。遇見永井先生，是引導我走向嶄新知識世界的契機，尤其是親身追溯松尾芭蕉當年寫作《奧之細道》行腳足跡的經驗談非常有意思，聽得我十分入迷。

二〇一八年十一月末日

岩本茂樹

參考文獻

序

- クリフォード・ギアツ（吉田禎吾ほか訳）『文化の解釈学1』岩波現代選書、1987年（=1973）

第一章　社會學近在你身邊——日常生活是最好的教科書

- 内田義彦『社会認識の歩み』岩波新書、1971年
- S・M・ライマン&M・B・スコット（清水博之訳）『ドラマとしての社会——シェイクスピアの鏡に照らして』新曜社、1981年（=1975）
- ロバート・K・マートン（森東吾ほか訳）『社会理論と社会構造』みすず書房、1961年（=1946）

第二章　我的紀念物——這算是跟蹤狂嗎？

- ヴィクトル・ユーゴー（大久保和郎訳）『レ・ミゼラブル』上・下　旺文社文庫、1968年（=1862）

・リンデン・グロス（秋岡史訳）『ストーカー――ゆがんだ愛のかたち』祥伝社、1995年（=1994）
・香山リカ『〈じぶん〉を愛するということ――私探しと自己愛』講談社現代新書、1999年
・スティーヴン・カーン（斎藤九一・青木健訳）『愛の文化史――ヴィクトリア朝から現代へ』（上下）法政大学出版局、1998年（=1992）

第三章　剪不斷的情——三個世界

・アルベルト・モラヴィア（河盛好蔵ほか訳）『倦怠』河出文庫、2000年（=1960）
・エーリッヒ・フロム（鈴木晶訳）『愛するということ』紀伊國屋書店、1991年（=1956）
・フランチェスコ・アルベローニ（泉典子訳）『エロティシズム』中央公論社、1991年（=1986）
・G・W・F・ヘーゲル（長谷川宏訳）『精神現象学』作品社、1998年（=1807）
・ロビン・ノーウッド（落合恵子訳）『愛しすぎる女たち』読売新聞社、1988年（=1985）
・竹田青嗣『恋愛論』作品社、1993年
・谷崎潤一郎『痴人の愛』新潮文庫、1947年
・千種堅『モラヴィア――二十世紀イタリアの愛と反逆』中公新書、1989年

第四章　想法創造現實——育兒戰略

・山田一成「社会調査がつくる「現実」」石川淳志・佐藤健二・山田一成編『見えないものを見

る力——社会調査という認識』八千代出版、1998年
- ピエール・ブルデュー（石井洋二郎訳）『ディスタンクシオン——社会的判断力批判』Ⅰ、Ⅱ 藤原書店、1990年（=1979、1982）

第五章　考試惡夢——何謂文化資本

- ジークムント・フロイト（高橋義孝訳）『夢判断』（上）新潮文庫、1969年（=1900）
- ポール・ウィリス（熊沢誠・山田潤訳）『ハマータウンの野郎ども』ちくま学芸文庫、1996年（=1977）
- ピエール・ブルデュー（田原音和監訳）『社会学の社会学』藤原書店、1991年（=1984）
- ピエール・ブルデュー&ジャン=クロード・パスロン（宮島喬訳）『再生産——教育・社会・文化』藤原書店、1991年（=1970）
- 岩本茂樹『教育をぶっとばせ——反学校文化の輩たち』文春新書、2009年
- 坪田信貴『学年ビリのギャルが1年で偏差値を40上げて慶應大学に現役合格した話』KADOKAWA／アスキー・メディアワークス、2013年
- 三田紀房『ドラゴン桜』講談社、2003～2007年
- 石川達三『青春の蹉跌』新潮文庫、1971年
- ファン・ヘネップ（綾部恒雄・綾部裕子訳）『通過儀礼』弘文堂、1977年（=1909）
- 加藤晴久『ブルデュー——闘う知識人』講談社選書メチエ、2015年

第六章　男子氣概的變遷

- アベ・プレヴォ（河盛好蔵訳）『マノン・レスコー』岩波文庫、1957年（=1731）
- ブレーズ・パスカル『世界の名著24　パスカル』中央公論社、1966年
- 伊藤公雄『〈男らしさ〉のゆくえ——男性文化の文化社会学』新曜社、1993年
- P・L・バーガー&エ・ケルナー（森下伸也訳）『社会学再考——方法としての解釈』新曜社、1987年（=1981）
- プロスペル・メリメ（堀口大學訳）『カルメン』新潮文庫、1972年（=1845）

第七章　文化塑造的性別差異

- アルベルト・モラヴィア（千種堅訳）『孤独な青年』早川書房、1984年（=1951）
- マーガレット・ミード（加藤秀俊・田中寿美子訳）『男性と女性——移りゆく世界における両性の研究』上・下　東京創元社、1961年（=1949）
- エリザベート・バダンテール（鈴木晶訳）『母性という神話』筑摩書房、1991年（=1980）
- 池田香代子：再話　C・ダグラス・ラミス対訳『世界がもし100人の村だったら』マガジンハウス、2001年
- 三島由紀夫『仮面の告白』新潮文庫、1950年（=1949　河出書房より刊行）
- メアリ・ダグラス（塚本利明訳）『汚穢と禁忌』思潮社、1972年（=1966）

・祖父江孝男『文化人類学のすすめ』講談社学術文庫、1976年

第八章　由幻影塑造的現實

・松本清張『潜在光景』「松本清張全集」文藝春秋、1971年
・マルセル・プルースト（鈴木道彦訳）『失われた時を求めて1　第1篇スワン家の方へ1』集英社文庫、2006年
・外林大作・辻正三・島津一夫・能見義博編『誠信　心理学辞典』誠信書房、1981年
・C・W・ミルズ（田中義久訳）「状況化された行為と動機の語彙」ライト・ミルズ著、I・L・ホロビッツ編（青井和夫・本間康平監訳）『権力・政治・民衆』みすず書房、1971年（=1963）
・森真一『自己コントロールの檻――感情マネジメント社会の現実』講談社、2000年

第九章　記憶的塑造――兄弟之愛與印象的「搖擺」

・G・ジンメル（酒田健一訳）「橋と扉」『ジンメル著作集12』白水社、1976年（=1909）
・J・F・グブリアム&J・A・ホルスタイン（中河伸俊ほか訳）『家族とは何か――その言説と現実』新曜社、1997年（=1990）
・西川美和『ゆれる』ポプラ文庫、2008年
・ロバート・D・レイン（阪本良男・笠原嘉訳）『家族の政治学』みすず書房、1979年（=1971）
・スーザン・ソンタグ（近藤耕人訳）『写真論』晶文社、1979年（=1977）

- ピエール・ブルデュー監修（山縣熙・山縣直子訳）『写真論——その社会的効用』法政大学出版局、1990年（=1965）

第十章　影像與文學的啟蒙批判——從《輕蔑》談起

- アルベルト・モラヴィア（大久保昭男訳）『軽蔑』角川文庫、1970年（=1954）
- チャールズ・ラム（船木裕訳）『オデッセウスの冒険』ちくま文庫、1988年
- ギュンター・ロールモーザー（城塚登ほか訳）『批判理論の貧困——アドルノ、マルクーゼ、ハーバーマスへの内在的批判』理想社、1983年（=1970）
- ギュンター・アンダース（岩淵達治訳）『われらはみなアイヒマンの息子』晶文社、2007年（=1964）
- ハンナ・アーレント（大久保和郎訳）『イェルサレムのアイヒマン——悪の陳腐さについての報告』みすず書房、1969年（=1965）
- 千種堅『モラヴィア——二十世紀イタリアの愛と反逆』中公新書、1989年
- ホメロス（松平千秋訳）『オデュッセイア』上・下　岩波文庫、1994年
- 細見和之『現代思想の冒険者たち15　アドルノ　非同一性の哲学』講談社、1996年
- 今村仁司『思想の星座』洋泉社、1987年
- 川崎修『アレント——公共性の復権』講談社、2005年
- マックス・ホルクハイマー&テオドール・アドルノ（徳永恂訳）『啓蒙の弁証法——哲学的断

想』岩波書店、1990年（=1947）

・臼井隆一郎『アウシュビッツのコーヒー——コーヒーが映す総力戦の世界』石風社、2016年

第十一章　從《海上鋼琴師》到媒體理論

・ジャック・アタリ（金塚貞文訳）『音楽／貨幣／雑音』みすず書房、1985年（=1977）

・ヴァルター・ベンヤミン（高木久雄・高原宏平訳）「複製技術の時代における芸術作品」（編集解説佐々木基一）『複製技術時代の芸術』晶文社、1970年（=1936）

・アレッサンドロ・バリッコ（草皆伸子訳）『海の上のピアニスト』白水社、1999年（=1994）

・岡山徹監修・石井建対訳『DHC完全字幕シリーズ　海の上のピアニスト』DHC、2001年

・ジョン・バージャー（伊藤俊治訳）『イメージ——視覚とメディア』ちくま学芸文庫、2013年（=1972）

・ミラン・クンデラ（西永良成訳）『出会い』河出書房新社、2012年（=2009）

・エミール・デュルケーム（宮崎喬訳）『自殺論』中公文庫、1985年（=1897）

・マックス・ホルクハイマー&テオドール・アドルノ（徳永恂訳）『啓蒙の弁証法　哲学的断想』岩波書店、1990年（=1947）

・スティーヴン・カーン（斎藤九一・青木健訳）『愛の文化史——ヴィクトリア朝から現代へ』（上下）法政大学出版局、1998年（=1992）

・マーシャル・マクルーハン&エドマンド・カーペンター（大前正臣ほか訳）『マクルーハン理

論——電子メディアの可能性』平凡社ライブラリー、2003年（=1960）
- マーシャル・マクルーハン（森常治訳）『グーテンベルクの銀河系——活字人間の形成』みすず書房、1986年（=1962）
- マーシャル・マクルーハン&クエンティン・フィオーレ（南博訳）『新装版　メディアはマッサージである』河出書房新社、2010年（=1967）

知識叢書 1076

鍛鍊思考力的社會學讀本：為什麼努力沒有用？戴上社會學的眼鏡，幫你解決人生的疑難雜症
思考力を磨くための社会学一日常こそが教科書

作者	岩本茂樹
譯者	簡捷
主編	陳怡慈
責任編輯	石瓔寧
責任企畫	林進韋
美術設計	陳恩安
封面繪圖	消極男子
內文排版	薛美惠
董事長	趙政岷
出版者	時報文化出版企業股份有限公司 10803 台北市和平西路三段240號1-8樓 發行專線｜02-2306-6842 讀者服務專線｜0800-231-705｜02-2304-7103 讀者服務傳真｜02-2304-6858 郵撥｜1934-4724 時報文化出版公司 信箱｜臺北郵政79～99信箱
時報悅讀網	www.readingtimes.com.tw
電子郵件信箱	ctliving@readingtimes.com.tw
人文科學線臉書	www.facebook.com/jinbunkagaku
法律顧問	理律法律事務所｜陳長文律師、李念祖律師
印刷	勁達印刷有限公司
初版一刷	2019年10月18日
定價	新台幣320元

時報文化出版公司成立於一九七五年，並於一九九九年股票上櫃公開發行，於二〇〇八年脫離中時集團非屬旺中，以「尊重智慧與創意的文化事業」為信念。

ISBN 978-957-13-7972-2

鍛鍊思考力的社會學讀本：為什麼努力沒有用？戴上社會學的眼鏡，幫你解決人生的疑難雜症/ 岩本茂樹著；簡捷譯. -- 初版. -- 臺北市：時報文化, 2019.10 ｜ 面； 公分. -- (知識叢書；1076) ｜ 譯自：思考力を磨くための社会学一日常こそが教科書 ｜ISBN 978-957-13-7972-2(平裝) ｜1.社會學 ｜540 ｜108015727